Wiwanzhe Guama

Dichos y cuentos de los Wiwa

Julián Daza Malo
Fabio Montero,
compliladores

2014

ISBN: 1-930744-62-5
© Colección Palabras del Cuarto Mundo, 2014 (Cuentos)
INSTITUTO INTERNACIONAL DE LITERATURA IBEROAMERICANA
Universidad de Pittsburgh
1312 Cathedral of Learning
Pittsburgh, PA 15260
(412) 624-5246 • (412) 624-0829 FAX
iili@pitt.edu • www.iilionline.org

Colaboraron en la preparación de este libro:

Composición y diseño gráfico: Erika Arredondo
Correctores: Rodolfo Ortiz y Dayana Fraile
Arte: Jeison Castillo

KUNAZHI (contenido)

AIU (abimaia)	7
ASALKU	11
TSHUHKUI GUMA NUN	13
BUNGU 1	17
BUNGU Y LAS MUJERES	21
BUNZISI	25
GE	29
GENKULA KUNSIA ZHIGANUKA	33
GOMULA SUKU NUN	37
KUMESA	41
KUNSI	43
MAGURRA	47
MUGURRUMA	51
MUSA	53
NEWAZHITA	57
NIULUWA (ADE)	61
NUJPUA	67
NUNDUMAGA	71
PAKILA	75
SIBÍ	79
SIGIMA	81
SIMBULITA	85
TENZHAKU	87
TOGUA	91
TUMUNZURRA	95
ULAMI	99
URRAGA DULU	103
URRAGA NUNGEWAGA	105

USIHKI	107
ᵾJTᵾGUI	111
WASHA 1	115
WASHA NANZHE SHA SHUWᵾJ NATUNGA NᵾN 2	119
WALIWALI	123
WIWA	127
ZEKU NANZHE BEBERISUNᵾN	131
Nota del editor	135

Minshangagangui Maimashaiunkurra

Kawanyina zume nukuakuaga maiguarrun. Raga iwa ima zhinzhoma go awanarga maijtushisha awega zhigurrnu. Waname zume nazhi nuntujkua awau. Ima zhinzhoma nabinzhe dumuna asheka go awanarga. Raga tua augame nabirga guama nanazhinga. Washihka mamanyina guama guaka ku wida dziawun nuka. Washka nanun nenenga ima guama guaka awega. Abimdzingua nabinzhe duganyina zhinzhoma tukamba ima zhinzhoma guama zukuega guaka tshijtua antshijsheshisha dziawai.

Nabirga zhanangui guama asheka name. Waname, zu zhiguarrun; kawanyina. Mabingua zu zhiguanakuaga maiguarrun, ima zhinzhoma ijpana maunkuashihka. Memengui bugui zu zhiguana aunukun, ia ima zhinzhoma gawega kawanyina nanguneka aun munu kuagua. Ra mabiguargarru mabingua zu zhiguana kuaga.

Les contaremos del pasado

Señoras y señores deseo se encuentren bien, he compilado estos dichos y cuentos para mostrárselos porque creo que puede ser un material útil y está escrito en dʉmʉna. Lo hago porque ya los mayores que cuentan estas historias se están muriendo y no hay quienes más nos digan estas historias; además servirá como material de apoyo para las personas que dicten clases de dʉmʉna. Está escrito en nuestro propio idioma. Espero que cuando tengan acceso a este material estén alegres como yo. Agradezco a todos los que me ayudaron a elaborar este libro.
Gracias

Julián Daza Malo

AIU (abimaia)
Ayu (Hoja de Coca)

"Si no hay Ayu, no hay como contar la historia"

Wiwanzhe Guama

Ayu (Hoja de Coca)
-La Siembra de Ayu-

Llamada Ayu, espiritualmente conocida como *avimaia*, esta planta tiene exigencias para sembrarla, hay que tener una aseguranza o sewa especial, de lo contrario al sembrarla los hijos del sembrador empiezan a enfermarse con diarrea de color verde.

Las primeras hojas deben ser curadas por el Mamo, esto quiere decir que el dueño no puede recolectarlas ni consumirlas; según la historia el hombre es quien debe recolectarlas porque el ayu es mujer; si la mujer es quien la recolecta, ella misma es como su enemiga y se pone triste y marchita. El ayu es útil en trabajos tradicionales como: poporeos, bautizos, mortuoria, matrimonios, etc.

Si no hay ayu, no hay cómo contar la historia en la oficina, en la casa y en la *kankurua* de los mayores.

Narrador: Julio Bolaño Daza

AIU (abimaia)

Sikʉnrru aiu abimaia ingina tshihtunuka. Awanka aiuru aga ukagaki kimanguʉn, aga uka. Mema agamangua sewa aso nʉnkagaki kimanguʉn aga uka abimaia sewa miso nukungui nʉnkagarru ia aga awa mangua pʉhkʉnzhanun nʉnka. Ia sewa miso nukungui nʉnkaga, zhanduna aga mawerru, duga gazhia ʉtshihki mʉjtshimpana. Úname kʉ nʉnkaga aga binka. Mema aga nekuemdzi, kuagumungui nanuanshihka, go awabinka. Kuaguma zhanduna aneka awanshihka kimanguʉn gaujtuna. Go nekuemdzi anshipapagangui ga aun mʉnanka, memarru induaga ganka awemdzi zhinguirru anshipapaga nʉntshihtuna awʉnka. Terruagaki kimanguʉn go awakuaga kʉnzhinga ia terrua tuʉn nugame akʉ mena merru anshihkasalu tuʉn nuka name.

Aiuru nawaneka dʉmburrumba, memarru mazhiguana nʉntsha awa binka memarru mama gangui mintsha awʉnka gonmba nawanekangui, gaiamambangua mema nʉngui neka kuaga, mema nʉngui isa zhikesha kuaga. Aiuru ime nawaneka name kimanguʉn naijkinushingui nukuakuaga adenyinaga abunyinaga dzinguakanka.

El Ñeque

Su hábitat es el monte y el rastrojo, la madre lo aconsejó para que trabajara y no estuviera esperando que los demás trabajaran para robarles el alimento, pero no escuchó; por eso es que hoy día daña el cultivo que el hombre siembra. Es un roedor muy dañino, come todo lo que encuentra a su paso; come yuca, ahuyama, batata, guandul, plátano, mango, aguacates. Por esta razón, siempre es cazado por el hombre y por el perro. Para cazarlo hay que tener mucha paciencia porque él es muy caprichoso, su carne es muy rica, guisada o en un sancocho para toda la familia.

Narrador: Julio Bolaño Daza

Asalku

Ima asalkuru kunkɯhshinagangui tashimarga kɯnkɯnarga mashanka. Awankua ijkɯna zhabuga ibanekɯn kakekuashihka dzazhintujkuñi awanka name meme kimanguɯn nabi te nɯngo aunkurashihkɯ ukuia zhanduna aga mawananka, bunɯnpana awanshihka memamke kuaga kua memamke ugunuka nanuerru zi te ugamba atunuemdzi terga neka. Awananka mema zhanduna bunɯnpana awanshihkɯrru asalkuga ijkoko ga uka. Zhiwa zhama zhatuna, awanshihka ñinguamka zhakɯhtshingui usaka. Irrugua ganegi amtɯjka, mɯndugua, mesu, kɯñijta, kɯntana, awemdzingua ingui mangunshuhku andunga. Kɯ zhama gaka. Mema asalku meme usakɯnpanuanshihka maka geshamala mɯjkɯnɯnka nanuerru, zidua kɯhsha mawemdzi mimi zhagamba iatuɯn naia awakuagua. Meku teka naia mawemdzi kɯnmba ijtuna. Mimi sen kujte mɯnukuanshijkɯrru nakɯnka nanuerru zi atunuemdzi, sen te nuka.

Awanshihka shihka kɯnatunun nanuerru zhagamba naka uka.

Awanshihka kɯnatuna awerru, ingui zhituna naia uka tashimarga. Zhagamba zhaua awanshihka maka zinguanzi geshamala kumbi anguasha taia mawanshihka ge mɯhkanzina awerru guaga awakuaga, awanshihka ge mɯhkanzinuñi awerru mɯntujkua awanshihka zhuazhia ma neka tashimaka. Akɯ guaga mawerru urragaka une mawemdzi ɯnkɯndugua ga awakuaga manzhe duganyinabi.

Tshuhkui Guma Nun

(Ratón y la culebra)

El ratón y la culebra

En una tarde en un lugar de la Sierra se han encontrado ratón y culebra. El ratón le dijo: "¿usted por qué se come a los animales pequeños?" La culebra le respondió: "¿por qué me dices eso?… porque también te puedo comer". El ratón le respondió: "no podrá comerme porque usted no tiene patas como yo y no podrá alcanzarme". "Eso está por por verse", dijo la culebra.

Hicieron un trato: "si yo llego primero desde este lugar (el cerro) hasta Guamaka usted no me come", dijo el ratón. "Eso espero", dijo la culebra.

Salieron a las 7:00 AM y siendo de tardecita llegó la culebra a Guamaka y el ratón no había llegado; la culebra esperó un rato y ya de noche fue que llegó el ratón; entonces, como el ratón perdió la apuesta, por eso es que hoy día la culebra lo persigue.

Narrador: Manuel Julián Malo Solis

Tshuhkui Guma Nʉn

Indzui zhinguashihka ia shetazhi zhanekʉn nukuashihka tshuhkui zomarga naiʉn nukuashihka guma nʉn sʉgʉrintshihsha. Ukuemdzi tshuhkuiga guma kaia, "ma zhinguirru zhigabigamburru arkʉnanunkanyina mʉnsozuemdzi ga muka". Ukuashihka gumaga "Senu mʉnga narru ¿inzhueki meme mʉnʉjkaiu? Mʉso aungemdzi mʉnga naru". Ukuashihka gumaga kaia "meme nʉjkaiuki. Mʉnganarru".

Ime ʉnkʉzhin nukuemdzi, tshuhkuiga guma kaia, "mʉla zhineku zhuazhia ukuzhi neneminsha kinkumu".

Ukuerru gumaga kaia "werru zhuazhia aunkurrañi. Ia meku raminsha kinkuma aungerru mʉnganga".

Ukuerru tshuhkuiga gʉgaso, zumeñi kaia, "awanshihka raminsha kinkuma aungerru nʉngon mʉnanka". Ukuemdzi ʉnkʉzhia, "werru umba atuna nankurra nene minsha Guamaka kinkumu".

Ukuerru tshuhkuiga kaia, "werru shigi bukue kugua zhanuanshihka ʉmba Dzurruatena ingina nʉmʉntu apʉnguagamba sʉgʉzhishunkurra". Awankua anzhegui ia shinka bukue kuaga zhanekʉn nukuashihka ia sʉgʉzhintshishʉnka ʉnkʉzhiankuamba sʉgʉzhintshihsha. Ukuemdzirru ʉnkʉzhia, ʉnkaiankurrai: ukuerru an ʉnkaiankurrai. Ʉnkʉzhikuemdzi kaunamba zhuazhi maisi yinaiankua zhuazhi, zhuazhi, ia dzuingʉma gegamba tei ashi aunukuashihka, guma Guamaka kinkuma, ukuemdzi tshuhkui sakuashihka tun. Ia tuan zhanekʉn nukuashihka tshuhkui kinkuma ukuashihka gumaga ia tuʉn gaiga, meme nazhi kimangʉʉn gumaga tshuhkui iwa gaka kʉmʉna.

Wiwanzhe Guama

El búho

Es un pájaro nocturno. Hay dos clases de búho: el de tierra caliente y el de tierra fría. El búho habita en montes altos con rastrojos, sólo se alimenta de ratones. Tiene ojos grandes y plumaje javao. Es presagioso: avisa la unión matrimonial, el divorcio y el adulterio. Al búho le encomendaron el trabajo de ser semanero y dar consejos. Por la noche él no deja dormir a nadie. A quien desobedeciera le echaba agua. Al amanecer se iba a su casa alegando que él tenía noches sin dormir. Un día decidió ir a su casa. Él les dijo: "voy a la roza", y la gente también decidió acompañarlo a la roza, porque presentían que él iba a dormir. Al regresar fue a buscar leña, también lo acompañaron al regresar. Ya era de noche y entraron en la kankurua junto con el búho. A la hora de estar en la kankurua, el búho empezo a dormirse de sueño, la comunidad que lo rodeaba empezo a gritar y a decirle: "tú, que das consejo, por qué estás durmiendo?, ¡Despierta búho!" y le echaron ayu manbiado, agua y lo dejaron bien pintado y sucio. Al amancer el búho se vio pintado y se fue al monte lleno de vergüenza donde hoy vive.

Víctor Fernando Malo Malo

Bʉngu 1

Bʉngu nananka tun, ungumamba shihka wintsha kabo neka ukuemdzi shihka kʉwa kuaga nanu ime kai, zhimashaitʉn, guama guaktʉn, ia inzhina tshihkʉwaiega. Tshihkʉwa Awanshihka bʉnguga dzira inzunzu, kʉlmaso inzunzu. Meme neka awemdzirru naia nanzhe urragʉrga kʉwan. Awemdzi ingui shetazhi naka. ime kakai "rangua shanshia kʉwu ñi awa nargashihka ¿inzhue rarru kʉwa nakuhtshun?" memeki ika nunkuatʉhka kimangutʉn ibina zhinguirru dzinguaka, "¿inzhue meme ikae?" nanzhe urragʉrga nekuashihka kʉrso yinaia, ukuashihka kakaia, "terga naiu" ukuerru mengua kʉrsongui yinaia, ukuambarru kʉn sakʉn naiu ukuambarru mengua kʉrsongui yinaia. Ingui mendzi dzunaka ukuashihkʉrru shetana ukuambarru ungumamba kʉzhimta. Agʉñi mʉlangʉma zhanekuashihkʉrru uwenua, "wen, wen".

Ukuashihka kʉwa akuhtshihkanyinaga kʉzhiua, "ai, guama mʉnguaka ¿inzhue mʉnekʉn panu? Kʉzhikuashihkangua bʉnba mʉnkʉna".

Nekuambarru kʉlmasu izhinzu bʉn kʉrpʉ dzira kʉrshua. Ziduanguanzi sihkirmaia dzawa. Awankua ia shinka bukue dzuijtuna ukuashihka kʉzhia, "marru, ¿inzhue memejkuia?" ukuashihka bʉngu iwa amsi zhuazhia ma ai sihkirmaia. Memengui kimangutʉn iwa nabi indua shihkandzina kʉzhigui ukaie iabinka. Ia anzhe mika nʉname mʉzhiwagʉm pana awanshihkʉrru memajki me sihkuma kuaga name kimangutʉn ia gunama masha nukunka nanuerru zidua amashaia kuaga kʉmʉna. Ime dzinguaka nananka.

Wiwanzhe Guama

Búho y las mujeres

Este es el mismo Búho al que le daba tanto sueño. Sucedió que había bastantes mujeres viudas y su madre les dijo: "muchachas, váyanse con un hombre joven y vivan bien". Y ellas respondieron: "no, nosotras no queremos un hombre, vamos a estar juntas todas".

Ellas empezaron un juego entre sí y se echaban agua, arena y toda clase de objetos, como si estuvieran conquistando a un hombre. La mamá les dijo: "eso les va a causar una enfermedad". Ellas siempre contradecían lo que la mamá decía. Trabajaban tejiendo mochilas, cocinaban y lavaban ropa, diciendo: "nosotras mismas nos cuidamos, para qué hombres, eso no hace falta". "Eso no es así, hay que buscar un compañero, luego se van a arrepentir", dijo su madre. Ellas siempre estaban bien así y entonces la madre habló con el señor Búho para que las aconsejara, porque él era semanero y era el único remedio que había. Él dijo a la madre: "haré como me diga". Una tardecita les dijo a las mujeres: "oigan jóvenes, piensen las cosas". Siendo como las 7:00 PM el Búho cantó cerquita jou-jou-jou y ellas dijeron: "ojalá viniera para comérnoslo con *neboa*. ¡Qué rico debe estar!" Luego él pensó: "esperen, soy yo quien les va a comer los ojos". Por eso es que el Búho tiene ojos de persona. Dicen los mayores que entre ellas empezaron con el juego, a besarse, pellizcarse, delante del tío de los padres, delante de los mayores, y en eso se durmieron como a las 12:00 de la media noche. Llegó el Búho y todas estaban profundamente dormidas, entonces comenzó a sacarles los ojos y comérselos. Al día siguiente todas estaban sin ojos y solo una viejita amaneció con ojos, una viejita a quien ellas le tenían rabia porque les daba consejos. Ellas lloraban y lloraban pero ya no había remedio, se preguntaban entre sí "cómo estás", "tú igual", "esto nos pasa por no escuchar los consejos". Y decían que entonces vino un semanero, las amarró por la cintura, e hizo una fila china para llevarlas a un lugar que se llama *Abaijtujkua* en el departamento de la Guajira en la zona S.N.S.M. y echarlas en una laguna que estaba debajo de una pendiente a más de 100 mts. Él las amarró a una piedra grande para que las arrastrara hasta el fondo del pozo. Hoy día se observa el camino donde bajaron las mujeres por la piedra.

Santa Gil Dingula

Bʉngu y las mujeres

Bʉngu nekʉn pananka kakandununka ñingua, mamangua kakandununka nʉntuʉn yinai, yinai, yinekuashihka, memarru kuisa nanunka, nanunka, ika nunkuandzina nozi yimbitʉn pana. Dzimbitʉm pana ukuashihka tijtʉnaganguirru guama guakʉn, guama guakʉn, "kuisa nekabinka, kuisa ashaibinka, kuisabin dumegumabinka, gʉmegubi, gʉmegubi in nukuabinka". Guaka aunukuashihkangua iangua yintujkun nazhi, yintujkun nazhi dzineka, "¿nene tijtʉna umʉlia malaga guakanka nujkunga nanu ñi, nujkunga nanu ñiu yaia?"

Yinzhamai, kuisa nʉn yai, meme dzimbitʉn, nozi yinbitʉn pʉnguemdzi, bʉgui zhiwa suskawamba makegua tshi. Ukuemdzi katamamba kʉn kʉrshunsha iamba andzindza dzindugua, ukuashihka ijkʉnanshiterru ia tijtʉna guama guakʉn nukua zhingʉma nunkua nʉntuʉn naia, nʉntuʉn naia, nʉntuʉn naia. Ukuemdzi naiankua mamaka meku nekuemdzi iwa terrua mʉjkʉnʉnka nanuemdzi mena mʉmasha. Mema nuengui ukuama nʉnguga ukʉrru. Ianguiki iwa ukuama kuazha nukunguaka, ukuerru mama nugeku naiankua, mekumdzi. Kʉzhia memarru, "¿inzhina mʉntuon?"

Kʉzhia awankua kimanguʉn gʉmezhi kekuashihka mena sen, kekuashihka mena sen. Ijkʉnashihkua imajki bu andzindzia, ambigua bu andzindzia dzukuemdzi sinsa gubi sinsa guma yinushinguiki tshihkʉwa, awankua ijkagua zhanekʉn nukuashihkʉrru, bʉngu naka. Bumba tei, bumba tei iamba kaunaka kana, kana, kana, ukuemdzirru bunzhe tijtshamba tei. Ukuashihkʉrru gaianyina nʉnkana, nʉnkana, nʉnkana, ukuashihka tijtʉna, aikakuhsaka ai guama guakʉn pana ukuashihka, wida awakuaga ʉgagunga. "wau nozi kona werru shuhkua nakawa awa kuaga". "nene ia shihka wantuhkuiaga akaunga nanun ñi". Kʉzhikuemdzirru kʉnmba andzindzia dzawankua ia uma kʉ kʉkan tshuhkui dzukuashihka zhinguirru: "abu, abu, abu", kʉzhikuashihka sen, umamba dusinua nʉmpa, ukuemdzirru pa. Ukuashihkʉrru kʉ bʉnguga uma anzhankuanyina ambigua nunkua. Ukuashihkʉrru terruanyina mamargamdzi kʉrtana. Ia memamba kʉrtunguashihkʉrru uma antshuhkunkanyina dzʉnte.

"abu, ¿manzhe gʉmanyina kʉhtana au?" "kame kʉhtanungui ñi, kʉhtanungui ñi", "wau, nakʉn nuka, aiu merru go nekʉnga ñi, aiu merru go nekʉnga ñi, Ukuashihkʉrru Kʉrtana. "wa werru aiu gawʉn naiu, ʉzhitaie shanuka nekua ñi". Meme name kimanguʉn guama guakʉngui nukuakuaga nʉnkua ñi. Ima Yinguakʉn guaka ukuemdzirru naia, sʉmbusʉhka zhiganugeku mekurru ingina aikuia nugeku. Memamba yinakuemdzi meku te, ¡ʉmba aiumbaki mʉnu naku! ¿ʉmba aiumba anzhagi augaie naimzhin?. "ia aiumba kinkumungui kʉn nunkurra", ukuashihkʉrru aiumba andzinzhakʉhtsha dzukuemdzi meku akuzhiwamba ingina aikuia andzindza. Ingina kʉwaisi ʉrtsha ukuashihkʉrru ʉnzisi, ʉmaki, bursinaki, ʉmaki, meku ia ingina sʉmbusʉhka zhiganugeku ʉmaki kʉnbi nukʉ ñi. Dzinguaka shihki nanu.

BUNZISI
(AVISPA)

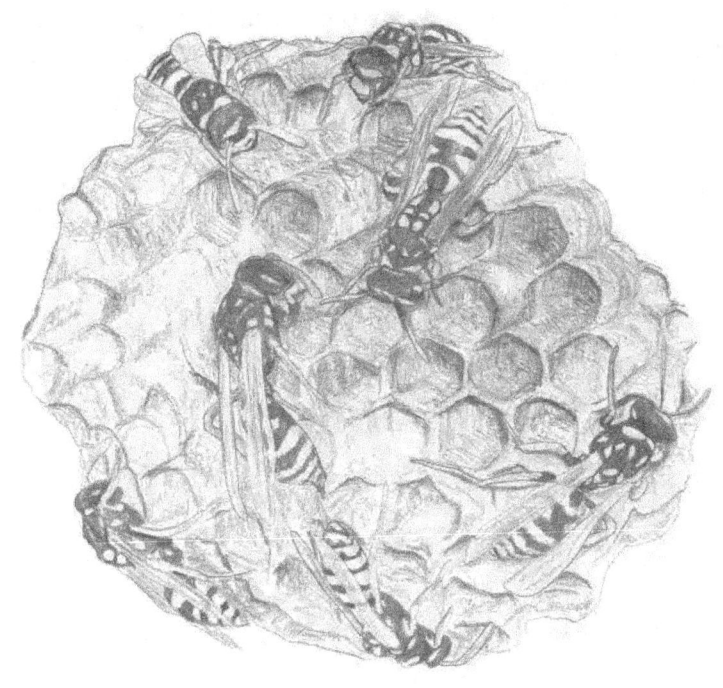

Wiwanzhe Guama

La avispa

La avispa vive en las lomas. Construye su casa en las ramas de los árboles y a veces en las piedras. Es un insecto que no hace daño a nadie, no es perjudicial si alguien no va a causarle daño, pero también es tremendo y pica en defensa cuando tratan de quemarlo o destruirlo. Algunas avispas son ponzoñosas y por ende venenosas; cuando pican hinchan el cuerpo de las personas. No hay que dañarles la casa porque ellas sufren mucho, volverla a construir es como si a uno le dañaran la casa y no tuviera dónde meter a su familia.

Julián Daza Malo

Bʉnzisi

Bʉnzisirru gagʉrrua kuaga. Memarru gagʉrrua kimanguʉn kʉn burrumba urraga zhingoka. Inginambangua urraga zhingoka. Bʉnzisingui usaka nekunka, washihka gagʉrrua naiʉn nukunkurrashihka, kua kʉn ʉnkʉhsasi naiʉn nukunkurremka, tua nekuemdzi ingina ijpʉ kua urraga kalazha mawerru nanzhe sina nʉn mʉnga awa kuaga. Mema mʉngankambarru, sihkina mitekumgaiemgui mimta kuaga. Bʉgui mazhiguinsha kuaga. Ibinarru ukuama mʉngushisha awa kuaga. Úname bʉnzisirru memengua awʉn nukuabinka. Tua mawerru, inzhakʉhsi naia kuaga. Nanzhe urraga kalazhun nazhi. Urraga kijtangu, kalazha nekuerru, bʉgui sheakuaga name ingui indua urraga zhingo awega. Washihka nabingua urraga naishena awerru, zu naimtun nʉnka name. Úname bʉnzisi meme awʉn nukuabinka kʉmʉna.

El fuego

Contaban los mayores sobre el fuego que los *mamos* fueron a solicitarlo donde la madre. Fuego era una muchacha. Cuando fueron donde la madre le dijeron que necesitaban a su hija que era de color rojo. Entonces la madre les sugirió: "ella es tremenda, hace maldades, es muy fea, luego no digan que les ha hecho daño". Ellos le dijeron: "nosotros no vamos a decir eso aunque nos haga daño y nos queme, guardaremos silencio". Entonces le preguntaron a la muchacha: "¿entonces tú vas a venir?" Ella respondió: "¡si me van a cuidar bien voy!" Fue así que tres semaneros fueron los encargados de llevarla y cuidarla para que no causara daño. Luego la madre le entregó la muchacha a los *mamos*, ellos se la llevaron y de un momento a otro ella se convirtió en fuego, entonces la colocaron en medio de los *tacanes*. Ella era pobre y humilde. Ellos no pensaron que esa pobre era la que los iba a aconsejar, nadie tenía ese pensamiento. Ese es el principio, está escrito que el fuego aconseja durante los días en que hacemos mal manejo o durante los días en que nos creemos bien crecidos como los árboles higuerón, caracoli, higuito y yarumbo, quienes se creyeron muy crecidos y corpulentos y hablaron mal de él. Es por eso, que sólo con el calor del fuego esos árboles se secan a pesar de su tamaño. Parece que nosotros también estamos hablando con ese lenguaje, actuamos de la misma manera sin saber el acto de otro. No se puede deshonrar a las personas que son de pequeña estatura si no hay consejo de la candela, pues ella se iría de donde vino y entonces no tendríamos con qué cocinar los alimentos.

Víctor Fernando Malo Malo

Ge

Gerru adenyinaga ime yinguaka nananka. Zhigantɨn naia abuka. Meku yinaia ukuemdzi abu kɨzhia ia nanzhe negɨla zisi kakangasha awega, ia nawa kakɨneshi ukuame. Ukuashihka abuga kakaia: " memarru wandua neka. Wantuhjkuia nɨnka, ia une maunkuemdzi wandua nawa abin, iun mɨnankua nɨnerru." Ukuashihka adenyinaga yinguaka, "ia meme guashirru dzaiun nanka. Naingasha, kua wandua naiawa awengua wandua guakun nankurra ñi." Meme nunkuambarru gaiaga antshihshizha, "¿werru, "naia maunka?" ukuerru gaiaga guaka, "zidua dumnɨjtua maunkuerru, naia aungɨrru".

Ukuemdzirru maigua kashimamanyina shizha, ia memanyinaga dumɨjtuɨnka nɨnkuame usasi ukuiame.

Ukuambarru abuga guama inguaka, "kanzanu nazhi. Ia kanzana nekuerru en vez mawerru, guga awɨnka nɨnkuame". Ukuemdzi kimangutɨn abuga adenyinaga angeka. Ukuambarru dzuane awankua mɨlangɨma zhineku dzunekuashihkɨrru ge gɨma zhituna. Ukuerru akɨna genamba ukujte. Ukuashihka nashi nananka. Meme name nashi guama mɨguinka ñi. Ñi iangua uguanun. meme nɨnkurra ia nangui kɨthsa naijkangui awanka name. Ia mema guama mɨguia kuaga ñi uguanun nunkurra. Ia jinanka zhiguazhiki, ia kɨnyinaie, pisɨhkɨla, zhangu, konko, misɨ, duangananyinaie jinankaki zhiguana kaia. Mema guama nɨguinka nɨñi, awanka ima kɨnyina anguanzi amaguma awerru, jana uka ia aikueganyina yinɨnashihka. Awanka memengui kimangutɨn nabingua meme inpana ukurratun.

Wiwanzhe Guama

GENKULA KUNSIA ZHIGANUKA
(Guayabo Fino)

Wiwanzhe Guama

Guayabo fino

Árbol que sirve para elaborar el trapiche de palo. Con él nos ayudamos porque vendemos la panela que molemos con el trapiche. No todo el mundo puede elaborar el trapiche porque para esto hay que cumplir unos requisitos de tipo espiritual. Si no se cumple la persona puede enfermarse, solo quienes tienen esa aseguranza pueden elaborar trapiche. Aunque este árbol tiene mucha utilidad, su importancia no es reconocida por la gente.

Sirve también para cuando se va a construir vivienda y cocinar alimento.

Julio Bolaño Daza

Genkɨtla kɨnsia zhiganuka

Memarru kalusimba ibaneka kalusi bushihka abimdzingua dumazhatuka. Memangui kimanguɨn mɨnanzhinga naikawɨnte nuka mɨnanzhingambangui dzwi nakɨnte nuka.

Genkɨtla memarru meme nɨnkangui makumanka. Mema kuakuanka neka awanshihkɨrru kɨnsia go. Mema gawegarru gokaki ɨnte nanun nɨnka. Mema gawegarru sewa aso nukaga. Mema guashirru Kɨnsia zhiganuka. Ujtshanangui go, makeguago iwa shindzi mɨnukagarru. Awemdzi kimanguɨn mingeka aunukaga nozi gan mɨjkaia. Ingui meme akukua nozi gon. Akɨ makegua akukua awanshihka zhinguirru nozi gan mijtuna. Sewa misonukun nɨnkagarru. Goga kaiabinka. Akɨ goga kaiua mawerru, ɨma shua mawa kuaga. Meme mushi kuiame kimanguɨn kijpana awa kuaga. Úname duma tua awa kuaga iwa dundu jinɨn nukanyina ya mɨla dum zhatuka name. Memengui kɨnogua go neka. Kɨ nazhi nana urraga inguna bunɨnpana awanshihkɨrru, kɨn genkɨtla kɨiusha kuaga kɨmɨnɨnka na.

Wiwanzhe Guama

El guasalé y el carpintero

Esta es la historia de Guasalé y el carpintero *jabao* que ocurrió antes del amanecer.

Guasalé hijo de Siukukui y Abu Kuun fue vasallo muy trabajador. Sucedió que a Guasalé, Abu kuun le entregó una herramienta muy fuerte (*rula*) para que trabajara junto con el tucán, y al carpintero real o carpintero negro le entregó una herramienta menos fuerte, pero que era muy linda y envidiable. Por la belleza que tenía la herramienta los demás hermanos la deseaban y maldecían diciendo: "por qué no me la entregaron a mí".

Guasalé hablaba mal del carpintero, decía que era flojo y no sabía trabajar, que solo tenía de lujo la herramienta y no le daba uso cuando era necesario.

Un día pensó: "voy a proponerle cambiar de herramienta para utilizar esa *rula* trabajando". El carpintero aceptó pero le advirtió que si se arrepentía no lo culpara, porque él no quería hacer el cambio. Él estaba confiado en que con la herramienta muy fuerte podría trabajar. El carpintero le dijo: "¡no sea que te arrepentirás!" "¡Claro que no, yo sé lo que hago!" Insistió tanto sobre el cambio que el carpintero aceptó. Él estaba confiado que con la herramienta cambiada trabajaría más, o sea que trataba de engañar al carpintero porque creía que su herramienta cortaba más y era más fuerte.

Al hacer el cambio hicieron un trato: sólo era un préstamo, no un cambio, pues ellos sabían que iba a amanecer. Cuando Guasalé tuvo en sus manos la herramienta deseada se fue a *zocolar*, a cortar palo y vio que no cortaba nada, sino que se doblaba y se torcía. Pensó que no tenía filo y la afiló bien, entonces la herramienta se puso más blanda y más torcida. Pensó "me han engañado". Se sintió robado, utilizado, pero claro, él era el único culpable. Empezó a sufrir mientras el carpintero comenzó a trabajar bien *zocolando* para hacer una casa con la herramienta que le habían cambiado.

Él fue a devolver la herramienta pero no hubo tiempo, porque fue que entonces amaneció y Guasalé se quedo como es hoy, con el pico grande y el carpintero con un pico pequeño y fuerte capaz de hacer huecos en los palos para poner sus huevos y reproducirse. Hoy Guasalé se reproduce en los nidos que hace el carpintero porque él no puede construir su vivienda. Por eso dicen los mayores que hay que escuchar el consejo de los mayores y Guasalé parece que no escuchó el consejo de Abu Kuun, de no desear las cosas ajenas. Por eso fue que le pasó lo que acabamos de contar.

Manuel Julián Malo Solís

Gomʉla suku nʉn

Ibina zhinguashihka gomʉla zhiguana. "Sukuie ʉnzhinuka sherra nangewʉndu. ¿Inzhina kʉn ambushuga? ¿Inzhina urraga zhingauga?" Ime zhiguana ukuemdzi naiʉn nukuashihkʉrru suku sʉgasha. Ukuerru gomʉlaga kaia, "sherra ʉnkʉzhisame ukuzhi." Ukuashihka sukuga gʉgasozi kaia. "shibi, kewarru azhi ʉnkʉguanun mʉnanka nʉnerru sen no". Ukuashihka gomʉlaga gʉgasozi kaia, "awanka ¿inzhue namtʉnka nanu?" awankua ingui maindzuiamba kʉnkʉnarga sʉgʉzhintshihsha ukuashihka ingui gomʉlaga memengui kaia. Ukuerru suku mʉla ʉnkʉguana ukuemdzi zhinguirru gomʉla kaia, "werru ʉnkʉzhisame ukuzhi. Awemdzi kewa kua mogi zhanekʉn nukuashihkʉrru azhi ʉnkʉguanunnazhi". Kekuashihkangua gomʉlaga sherra nʉurrat, sukuga angeka. Sukuga nanzhe sherra gekabin amta ukuemdzi nakangua nʉurrʉ gomʉlaga angeka. Ukuashikangui gomʉla zen zhiguazhi sherra aikuega sunkʉnamba nʉiu ukuemdzi naia nanzhe urragʉrga. Awankua iashinka bou dzuijtunguashihka te koshʉn naia sherra ʉzhinuka angaga naiankua te dushamba kinkuma ukuemdzi genkʉla tua ukuerru mema akoshega ta kʉhkou. Ukuashihkʉrru sherra tenʉla kʉnekuerru agʉñi dʉma nazhi ta kʉhkou. Maibina, makebina, ʉjtshibina ukuashihka ñinguamka sherra kijtuagumʉn pana. Ime neka tukuerru uguana, "¿inzhueki neku?" ukuambarru zidua ambi ukuemdzi ingui genkʉla ta kʉhkou. Ukuashihka ñinguamka sunkʉna kijtuaguma. Ukuambarru uguana, "ragarru suku mʉnsʉhkʉla nazhi kimanguʉn kʉn koshunka urraga zhingaunka uguarga narra. Waa, sherra kindunu nazhi iba nekunka nana ñi". Ime mʉla zhiguana ukuemdzi ingui suku sakʉn naia ia nanzhe sherra kʉzhitunshega. Awankua, ingunamba naiʉn nukuashihkʉrru ia bou dzuijtunʉn pana. Ukuashihkʉrru kʉ zhigabiganyina yinunkuarru kʉ suzhi dziazhituna. Meme nazhi kimanguʉn iwa gomʉla urraga nʉngo aunka.

Ukuambarru sukuga tshui ugunguemdzi na urraga nʉngo awa nanka kʉ masha uka. Mimi gomʉla apishihka zhiwa iwangua. Meme makumanka name.

El arcoíris

Es posible ver el arcoíris en las serranías en tiempo de lluvia después de un fuerte aguacero, cuando está lloviznando y calienta el sol. Mientras más caliente, los colores son más vistosos. Se ve el arcoíris cuando la lluvia se va. Los arcos son de dos clases: hembra y macho. La hembra es más de color rojo, mientras que el macho es de color simple, y es más dañino. La hembra es bastante colorida, de color rojo, verde, azul, amarillo. Los arcos están siempre juntos solo que el macho casi no se nota. Después de las lluvias se ve que salen de una montaña y atravesando las nubes llegan hacia otra serranía, por eso cuando es tiempo de lluvia y salen los arcos los mayores dicen que no hay que señalarlos porque a la persona se le puede disecar la mano. Difícilmente se puede observar el arcoíris en época de verano y su aparición trae señales, la llegada de la lluvia y el verano.

Julián Daza Malo

Kumesa

Ima kumesa tua kuaga dziwa dzwiamba sihkimbarru tua binka, kumesa tua kuaga igu gegaka, dziwa nekʉn nukuemdzi anguanzi win zhanekuanshihka ia andugaki zalmoña nekʉn nukuanshihka tuakuaga dzui bou ujkuʉn nukuanshihka. Agʉñi dzwi bou ujkue ñinguamka agʉñi kumesa zukuega tujtunga, ingui agʉñi tua kuaga dziwa naiʉnka nanuanshihka, ima kumesaru dzinʉnka mena nʉn ingui terrua nʉn, washihka kumesa menaru agʉñi ʉnzisi neka. Akʉ terruaru anguanzi shejʉn tujtunga, washihka agʉñi wanengui neka; kumesa menarru kʉ zhiu nuka nʉnka, zisi, ʉtshihki, kashihkuama, shejʉn kuega. Kumesa terruaru kumesa mena kushambangui nugashihka tuabi nʉnka, úname dziwa nekʉn nukwemdzi win zhanekuanshihka dzwi bou ujkuanshihka kumesa tua kuaga. Shuhkua urrumbamdzi atunananka igu mandaka moñakangui inguinka urruka mʉsi neka, meme kumesa ʉgatuanshihka adenyinaga yinguaka ia kumesa gula anguasha binka ia gula mijkinjunsha kuaga yinguaka name.

KUNSI (Perro)

Wiwanzhe Guama

El perro

El perro fue dejado desde el principio por nuestro padre (*sherankua*) como compañero y amigo, es por eso que hay que cuidarlo. Andar con él acompañado por el camino es como sentirse acompañado de otra persona. A algunos perros compañeros y amigos les gusta cazar, en el monte y en los rastrojos, carne de consumo para el hogar. Los perros que brindan ese servicio también bridan el cuidado de su amo, como si fueran seres humanos. También el perro cuida la casa como un ser humano, si alguien intenta entrar a la casa a robar en la noche el perro ladra. En muchos hogares se tiene gallinas y en ocasiones el perro espanta a los enemigos de los animales de casa, sobre todo al chucho, que en caso de atraparlo le causa la muerte. Es por eso que se aconseja cuidar y tener perro en las viviendas de las familias wiwas.

Julián Daza Malo

Kʉnsi

Ima kʉnsi kunkʉhshinagangui naikawanka nʉname zidua dumʉjtuʉn nukuakuaga. Kʉnsiru bin mʉnaiuashika mʉkʉhso naia kuaga. Kʉnsi nʉn ingunamba naitʉn mʉnukuanshihkʉrru shihka nʉngui naitʉn mʉnukaiengui mimta kuaga.

Inguingui kʉnsiru zhakʉhtuka nanuashihka ingui tashimarga, kʉnkʉnarga zhana ukuia lema ga kuaga mʉkʉhsoza kuaga. Kʉnsi meme nʉnkanyinaru shihkaiengui. dumʉjtuakuaga. Kʉnsiru shihkaiengui urraga dumʉjtuka. Shihka zhangan naka nanuerru sheku zana uka. Urragamba shenkewanu muj kugunuka nanuerru matuga galina sozʉn nakuanshka kʉnsigarru zhuartsha uka. Awanshka so awerru guaga uka. Meme nʉname kʉnsi guashirru naijkʉnazhingui nukuazhinga nabi kuagurramba.

MAGURRA

(CATANEJA)

Wiwanzhe Guama

La cataneja

La cataneja no caza, solo come la carroña que encuentra. Siempre está parada encima de una piedra. Es ella quien primero cura a los animales muertos, les extrae los ojos, la lengua y las vísceras. Ya que ella es considerada como sabia entre los carroñeros; la culebra y el pescado son sus platos favoritos. En el día sólo anda volando y cuando viene la tarde se refugia en las cuevas, árboles grandes y otros lugares.

Esa es la vida de ella.

Feliciani Bolaño

Magɨrra

Magɨrra ñingua naka so ga aunka. Magɨrra ingina rrua kuaga, kɨn rua. Memarru ukuia widankaki zhaga. Widankanzhe uma, Kongɨla, gazhiwaki zhaga. Guma dzinguaga awananka zhinguirru anduga, shewaie akujtshika name. Dzuiaru mandaka wekumaki, dzuia neka. Shetana aumpanuanshihkɨrru, akɨhsa wana pa kɨwaka. Imarru imeki neshi kuaga.

La musaraña

Este animalito se alimenta de ratones. No se puede comer, no se puede tirar, vive en el monte en pequeñas cuevas. La excreta sirve para hacer trabajar a alguien que injustamente es culpado, o sea que sirve para cubrir o proteger a la persona desde lo espiritual. Etiológicamente es un animal sagrado. Si usted la encuentra debe tener en cuenta qué lugar elige: norte o sur. Si elige el sur es porque no habrá remedio o salvación, si elige el norte habrá salvación. Este animal predice lo que va a suceder en una comunidad.

Julio Bolaño Daza

Mʉgʉrruma

Mʉgʉrruma tshuhkui zhaga. Mema mʉgʉrrumarru ga awabinka. Memangui taia awabinka washihkʉrru inzhinangua nanun name. Mema gambʉ awananka iamba guga nʉmpesha awa kuaga. Iamba nʉme, iamba nʉnzhabi, washihkʉru akʉhsamba me kuaga. Iambaki kuaga. Abimdzi mema inzhina shihka widʉnka nanuanshihkʉrru, kʉndzita neshi widʉnka nanuerru, meme kʉndzitangui, mijkijtuna, awa kuaga shakarna arguerru, kokui nekʉnkangui aunka. Akʉ wañina iunuerru, widangui aunka guashi nekʉn nuka. Akʉ amtunkangui gʉjtshihkuagangui, wida aunka nanuerru nangua gʉjtshihkuagangui mijkijtuna. Awerru dula guakʉn nuka. Ia meme kimangʉʉn zukuegangui widʉnka na, guashi guakʉn nuka. Meme mʉjkʉneka kuaga mʉgʉrrumarru.

Musa
(Iguana)

Wiwanzhe Guama 43

La iguana

La iguana es hermana menor de los lagartos. Antes de amanecer ella era gobernadora del cabildo, los demás eran semaneros, y eran muy tranquilos. Todo era para conveniencia suya, entonces dijeron que los llevaría a la ruina. Por tal razón la cambiaron, la dejaron donde hoy día habita y la condenaron a estar bajo el mando del cocodrilo. Aunque ella no hace daño, los indígenas la cazamos para consumirla, sobre todo cuando realizamos trabajos tradicionales como matrimonios, bautizos, trabajos mortuorios y curas de cultivos de cosecha. A ella le pasó esto porque no escuchó el consejo de los padres cuando le dijeron que sería jefe de todos los reptiles, pues ella dijo que gobernaría a su modo y no como otro le dijera.

Julián Daza Malo

Mʉsa

Mʉsarru duga nananka indua zhigabiga dzina genamba, ia dzuijtunungui narrashihka nananka shamunku kashimama kʉnazhi, gunama anguashihka naka ugunguai, meme nazhi kʉmanguʉn dzimasha dzawanka iwa nukunkʉrga. Mʉsarru kamkerga kuaga kʉmʉna, sʉntalurga. Men zhinguirru bʉgui kuaga mʉsa kʉnrrua kuaga nanzhe zhamarru nʉnka kʉnzhe kʉnata, anzhiwa, shoma. Mema kimanguʉn gai kuaga washihka mʉsa naindunga, abimdzingua nawa naijkʉneka dʉmburru zhankurrashihka, gaiamamba, gonmba, urraga akukunkurrashihka, washihka nabirgarru kunka nʉname mʉsa ga awegarru sʉntaluga kimanguʉn ʉnkashihkurra rabinzhiwatʉhka. Ibinarru kamkerga ʉnkʉhsakʉn iunangui ukurra, awanshihka kimanguʉn ga ukurra na.

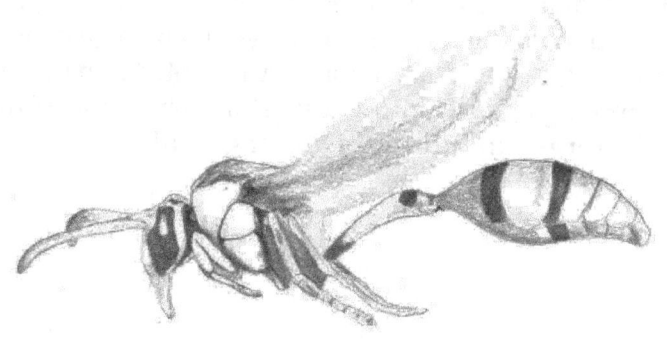

Newazhita
(Abejarro)

El abejorro. Himenóptero

Insecto que se alimenta de larva, sobre todo de araña, mosca y mosquito. Es un insecto presagioso. Desde un principio se le encomieda al semanero que si en algún momento es observado por el insecto capturado significa que hay peligro en la familia. Está diciendo que algo va a suceder si no se hace una confesión. No se puede matar porque es mensajero del bien y del mal. Todo este mensaje es para reflexionar y tomar medidas de soluciones por eso se hace así.

Antonio Miguel Pastor Calvo

Newazhita

Ima newazhitarru kʉnkʉnarga kuaga. Ungumakʉnarga kuaga. Memarru kashimama, ia ʉjtʉnanyinaga yinguaka. Ia mimi atua me zhiguana kuaga. Werru ¿meme nabizhiu naiʉnpanka ki nanu? Ia newazhitaga zhi mʉnkua kʉhko nainukuanshihka, memarru zhaurrushi neka. Urruma jʉn neka úname ibinarru meme nekʉn nukuanshihka, guaga aunkurrerru, nʉnzhagi ukurra. Ʉnkʉguana awega meme nekʉn nuka, ima newazhitarru.

ADE NIULUWA

Wiwanzhe Guama

El pájaro blanco

Sucedió que el rey de los gallinazos, cuñado de Niulue, le pidió prestado el vestido blanco para bajar a la tierra a coger pescado. Fue entonces cuando se vistió y bajó, y al llegar a la tierra encontró buena carne y buen pescado. Como era tan avaro tomó los más grandes y dejó los más pequeños. Al subir al cielo los cuñados se llevaron pescados en dos mochilones y él no llevó nada, sólo su vientre lleno. Así le sucedió dos veces y la tercera vez pidió orientación a una anciana, ella le dijo que tenía que hacer igual que los demás antes de empezar a pescar, pero con el compromiso que tenía que traerle el pescado más grande. Él le dijo que sí y cuando subió llevaba buen pescado, entonces le preguntaron quién le había dicho algo porque ya había aprendido a pescar.

Ellos dijeron que nadie porque allá en el cielo eran personas y a la tierra llegaban como pájaros. Cuando nuevamente iban a bajar los cuñados le dijeron: "Hoy no puedes bajar porque puedes perderte, puedes botar ese vestido o algo te puede pasar, por favor escucha". Pero él no hizo caso y bajó, y cuando los otros iban a bajar le dijeron, como le decían cuando se quedaba el gallinazo: Juz-juz-juz- la cataneja cus-cus-cus y el caricari kazhi-kazhi-kazhi. Lo que él no sabía era que aquí en la tierra había una muchacha que deseaba el vestido tan blanco que tenía, para jugar con él.

Entonces aquí en la tierra había un señor que se llamaba Teiku, que tenía una hija y la mamá se llamaba Dumsama. Fue él quien tendió una trampa (lazo) para atrapar a Niulue y entregarlo a su hija. Al día siguiente cuando bajaron la trampa ya estaba tendida y cuando él creyó regresar junto a los cuñados quedó atrapado y los cuñados le dijeron: Juz-juz cus-cus kazhi- kazhi. Allí fue Teiku y lo llevó a casa y le dijo a su hija: "Aquí esta el pájaro que a usted le gusta, que a usted le encanta, tan blanquito". Ahora búscale gusanos, cigarrón y carne para que coma y no se muera. El pájaro no comía nada, estaba triste y la niña creyó que se iba a morir. Fue entonces que se dio cuenta, porque se rascaba, por que tenía una amarradura en el pecho y las patas, y cuando la soltó tenía un camuflado. Al quitárselo era un hombre.

Ella se alegró tanto que empezaron a jugar y él a enamorarla y tener relaciones. Ella siempre tejía siete mochilas diarias, después que consiguió el pájaro empezó a bajar, 6-5-4-3 mochilas diarias, aún

Niuluwa (ADE)

Igu mandaka katshihkiama ka kuankuanyina wanawana, galinasu, wijtshirri, magɨrra awankua ade Niuluwa ibina zhinguashihka argua. Meku ijtunaukuashihka shuhkua gaia meku zhana ɨnkɨhsaka. Ukuemdzi igin dzuia zhanekuashihkɨrru anzhemanyina galinaso, wanawana, wijtshirri, kazhikazhi, magɨrranyinaga yingunasha ia waka sakɨn iunega. Ukuambarru iunɨnka ijkɨna nɨn ikuerru anzhema wanawanaga nanzhe nanzhe mɨkɨhsala ambuazha. Awankua meku dzibu ugaka kɨrtana waka tshihsozɨn pana ukuashihka, ime abin naka uguanun. Awankua zhiwa dzui asha aunpɨnguashihkɨrru dzargua. Ukuerru naka moa waka aikueganyina suzumba kɨiu. Ʉnkɨngaga argua awankua meku ijtunshun ñi.
    Nukuerru nanzhe menaga kaia, "¿inzhue nɨ neki waka ijtunshun mɨnanu?" menaga kaia.
    Ukuemdzi ingui kaia, "meku sozɨn waka mɨnukunkushihka tuɨn mɨnuñi. ¿inzhina dzau waka tshihsozuanshihka?" Meme nanzhe menaga kaia awankua ingui shuhkua saga ɨjtɨna gɨmaga naka ɨguia, "saga ñingua unakun nargashihka menangua nɨguanun ñi".
    Ukuerru sagaga kaia, "¿ai ki uka mɨntun?"
    Ukuemdzi mema ɨjtɨnangɨmaga kaia, "werru. Memarru manzhemanyina ime nekɨnkawarru. Zidua tuɨn mɨnuñi".

Awankua ingui anzhemanyina iuna galinaso, wanawana, magɨrra, kazhikazhi, iunankua dzibuka tei. Ukuerru naka ia nanunkaie tuɨn ukuashihka waka tshaaa ime nekɨn tshui. Galinasuga waka tshaaa memengui awa. Ukuerru nakangua tshaaa azhengui awa. Zhiwa mainawa ukuemdzi zhinguirru waka yingaua, igin yinga. Ukuemdzi dzargua. Memengui Ade Niuluwa igu mangɨnaka ijtuna. Ukuemdzi mena ɨgamashe, ɨgamashe. Ukuashihka waka kaiu ia warguankua, tshihtua ukuashihka anzhemanyinaga yinguaka. Awanka mema Niuluwa ijkɨnushi, ¿ñigaki kaiu? Ukuashihka ɨjtɨnaga kaianka nɨnkuamerru agɨñi waka aikueganyina moa ɨjtɨnaga akawa, ukuashihka yinguaka ia bimagangua ɨgaguiun nananka. Ukuashihka ia antshihzhangua aun, kua ime muargunka ñingua ɨgaguiangua dzau. Meme iuzhinguanzi zhiwa ugua moa wina iunguashihkɨrru agɨñi waka kɨnzhu nugeku nekuashihkɨrru anzhemanyinaga aiki neku ɨgaguana. Memenguanzi iunɨn nukuashihkɨrru meku abu Dɨmsama ade Shimɨnaña zhibungɨmaga guaka, "¡ai ade, iama suzhi ɨmbɨnshi! ¡ɨnzhina zukuia nɨnka! Ade, mema suzhi ɨmbɨnshi shi ñiate mauwɨndu". Ukuashihka anzhadega kaia, "memarru memengua uguanabinka nan nerru." Ukuashihka mema magɨrraga, wanawananyinagarru tuɨn. Ukuerru aiki au. Ukuerru anzhengui meku ade Shimɨnañaga shi pa, awankua galinaso, wanawana, kazhikazhiyina pei, pei, pei yazhinguiguashihkɨrru nangua pei ukuashihkɨrru shiga aso pou, pou, pou meku andzia. Ukuashihka

menos cuando descubrió que era persona. Hasta olvidaba cocinar la comida a sus padres. Teiku y Dumsama empezaron a pensar "qué será que está sucediendo cuando no estamos en casa". Dumsama dijo que iba para la roza y se puso a vigilar a su hija. Fue cuando se dio cuenta que desde adentro de la casa salió acompañada de un hombre. "Me lo imaginé", se dijo. Por eso es que nuestra hija ya no hace nada y solo se queda jugando. "Está bien, ya verá lo que le voy a enseñar", pensó. Entonces, comenzó a construir una casa y le dijo: "Usted va a vivir ahí con su pájaro". Cuando la terminó la encerró con el pájaro y luego le prendió fuego para que se quemara. Ella tuvo suerte porque la casa se abrió arriba en el techo y como él era pájaro voló con la muchacha y se fueron a un lugar que se llama *ulabasa gagaka*. Es en este momento que Niulue ahúma el vestido que le había prestado el rey de los gallinazos. Por esto hoy se le ve el plumaje blanco y negro, de no ser así el rey de los gallinazos fuera completamente blanco. Entonces, si te prestan algo hay que cuidarlo más que tus cosas para que no te pase como a Niulue que devolvió el vestido quemado. Así es la historia del vestido blanco, aunque esta historia sigue, solo se cuenta la parte sobre el vestido que Niulue pidió prestado.

Feliciano Bolaño

anzhemanyinarru yargua. Ukuerru ade Shimʉnañaga meku asʉhka ukuemdzi gaiaga kʉna. Ima suzhi kimangʉʉn nanduga tua narga, ukuerru mema suzhiga kaia, "¿bin nunaiega mʉzhiguanu?" ukuerru mesukuin zhama mikawa aunga kʉmʉna." Ukuemdzi asʉhka ujkujte. Ukuemdzi sunkʉna ama, sunkʉna ama, sunkʉna ama. Wau suzhi zukuia nʉnka ai ime ʉmbʉnshi nʉnka tshui. Ukuashihkʉrru galinasunzhe mʉkʉhsala kʉnuka, wanawananzhe mʉkʉhsala ʉnkʉjte ia arguankua. Memenguanzi nunkuashihkʉrru ia abu Dʉmsamaga andunun.

Ime guashi, "¿ni shihka, kua ñi ijkʉnushi in unashimdzirru ia ra kʉwaugargangua pou,pou,pou, nekantujku?" ukuerru urraga kʉnkua andzingo. Ukuerru meku kʉwanka nukuashihka Dʉmsamaga ai kʉwanka dzinukuashihka kʉn kʉngaga meku tʉn. Ukuemdzi gekʉhte. Awankua ge jiñi,ñi,ñi,ñi punguashihka guaka. Ijkʉnushi suzhi amashe amashe mawankʉhtʉjka puna mawerru mema kinki uguanʉn nukuashihkʉrru men pon,pon,pon, ukuashihkʉrru guaka. "¿ni guaka? iwa mʉntshi mimtʉ nugin." Ingui pon, pon.

"waaa. Mʉndugua neka aunka tshui", abu Dʉmsamaga guaka. Ukuashihkʉrru naia ia urraga igu mandaka ʉnkʉhkina nekuashihka. Awankua ia abaintuhkua wushiuna nukʉ ñi. Men Niuluwa ashenanka nukʉ ñi. Ia iwa magʉrranyinanzhe abu men nukʉ ñi. Ukuemdzirru men sihki nʉngui zhiwa moa ugua kʉgui zhanekuashihkʉrru kʉ zau, kʉ jana. Ukuashihkʉrru iwa ia kuimbuga unaka ia shoma tʉjkaia, ia Niuluwa nukuargamdzi. Ukuashihkʉrru anzhingʉmiga tua.

Ukuerru uguana, "¿Bigu mema shihka kuaga nʉnka?" ia anzhiurru punangui awanka nugin uguanʉn nukuashihkʉrru ia menrru kujtengui. Uie kimangʉʉn anzhingʉmi mekumdzi naka narra. Ia moa kugua dzuia zhenekʉn nukuashihkʉrru kinkuma ia anzhibungʉma ugunushamba. "zungui mʉnukui".

"an, zumengui nukuzhin. ¿abu bimdzi nakʉn mʉnuku?"

uierru gʉgaso, "imernamdzi nakʉn nukuin". Ukuashihka ade Niuluwaga ime naia te konka pa. Nʉnkuamerru meku anzhingʉmi mundzui dzuiane. Makendzuiane. Ukuemdzi Niuluwaga kaia, "ingui naiua maunka kʉmʉna, ranzhingʉmi".

Ukuerru anzhingʉmi naia ukuashihka kaia, "mija mʉne ñi". Awankua iwa buarga nainukuashihkʉrru te gekʉhte, bʉn mana te. Awankua ma, ma, ma, ma, ma, punguashihkʉrru, men pon. Shu zhatuna aunka ñi. Mʉndugua zhatuna aunka ñi. Ingui pon,pon,pon. Ia iwa te gasha aunkurashihka meme iuwanshihka guakunkurra. Mʉndugua zhatunʉnka. Shu zhatunʉnka. Ukuashihka memarru nananka galinaso nashi. Shewa, waka, inzhanunkamburruki zhaga nananka, dzinguaka shihkinanu.

Wiwanzhe Guama

El gavilán serrano

Pertenece a la familia de los gavilanes polleros, es de gran tamaño y persigue sobre todo a las gallinas que tienen polluelos. Tienen los ojos como binoculares, ven a larga distancia cuando cazan una gallina.

Regresan a los cuatro días o más y tienen unas garras muy afiladas para agarrar a la presa. La carne de este gavilán es muy exquisita y apetecida por la gente, por eso es que se deja ver poco.

Julián Daza Malo

Nʉjpua

Nʉjpua, imarru bosozhi sanangui washihka agʉñi kuega. Memarru igu gegʉrga agʉñi kuaga. Abimdzirru kʉnkʉnargangua kuaga. wekubingua agʉñi mandaka wekumʉn negi amka. Memaga zhinguirru galina anzhabu so uka gaiega. Galina ʉjtʉna so awemdzi mʉlazhingʉrga gan neka. Awemdzi nakʉnka maindzuia, makemdzuia awanshihka ingui naka uka.

Indua sozʉn negi tuerru so uka, awanshihka sozabi tuerru, induarga naia uka. Memaga zhinguirru nawakamdzi galina soska ia nawakamdzi zume zhajkuka name. Memanzhe kʉhsulumarru aikueganyina. Meme name galina anzhabu so awerru, amkangui guaga uka. Meme nekʉn nukuanshihka, guaga zhanuerru, ga awa kuaga bʉgui lema kʉnʉnka name. Meme name kʉminsha marga gaua awanshihka, in iunga galina sosʉhka name.

Ingui dzinguagʉnka ʉnkatua awerru gegʉrga argua neka, nʉjpua meme neshi ugunuka.

Nundumaga

(Nutria)

La Nutria

Vive en los ríos, se alimenta de cheva, pescado, guacarote y otras especies. Siempre que va a los ríos es posible verla. No es común verla pero si esto sucede se debe tener en cuenta lo siguiente: si tiene un pescado en la boca y está jugueteando con él es que te está anunciando algo negativo o positivo. Si se pone al norte quiere decir que hay buena suerte; por otro lado, si al verla te atacan los nervios quiere decir que algo negativo va a pasar. Si nada de esto sucede habrá armonía.

La carne de la nutria tiene un sabor a cheva aunque el cuerpo es parecido al de un gato.

Julián Daza Malo

Nʉndumaga

Ima nʉndumaga guakunkurra. Ima nʉndumaga agʉñi tua awakuaga dukuhshui mema. Ibina dzwia zhanuanshihka, lema mashi mimtuerru, ñingua gaiega tun mʉnauerru, maigua akujtshi malurru suzumba ʉkʉhsha mawemdzirru, manzhe sherra ʉnkʉndzia. Ingui shimbʉm ime zhinuka suzumba rankʉma, mawemdzirru manzhe urraga gagangui iuna dukuhshui mena. Ia dzuiku zhanekʉn nukuanshihka, kua shetazhi zhanekʉn nukuanshihka, anzhengui dukuhshui ugaka kʉhtana mawemdzirru ugatenangui zhiwa ia shaka menarga argua. Mawemdzi Shewa ʉnkʉhsozʉmpana. Shewaki ʉnkʉhso mʉnukuanshihkʉrru, nʉndumaga tua awa kuaga dzira sikargangui zhinzhakʉhtʉn nushi Shewa ʉnkʉhsozʉn nukunka. Nanka nanuerru moa, kua maigua meme nekʉn nushi tua kuaga.

Washihka ʉnkʉhso awegarru dʉmi nazhi tua kuaga, ia dzira sikarga zhuazhi anzana name. Ibina zhanuanshihkʉrru shewaki ʉnkʉhso mʉnukuanshihka, mʉnkʉngasha kuaga. Tungui mʉntuanshihka ingina rruaga atunanka kujte dzirargamdzi. Ibinarru kʉhkamba Shewa ʉkʉhko. Awanshihka zen mʉnzensa kuaga, awerru maka ingina guga mawemdzi, dʉbʉbʉ kangasha mʉnanka iwata mawanshihka ingui dziramba maisi neka. Ia ime neka mʉntuerru, uguana awa kuaga ia urruma mʉjkʉnekʉn nuka. Awanshihka ibinarru meme nekʉn nukuanshihka ʉnkʉnguaga mawerru urragʉrga unkune, ga awa kuaga. Memanzhe lemarru Shewa punuanshihka lee natuanaiengui lee natunga. Úname mʉntshinka nʉnka. Nanzhe anzhomarru minsinzheie sʉmʉnʉnka kʉnʉnka.

PAKILA
(SAHINO)

El Sahino

Vive en el monte. Se parece a un cerdo, con la diferencia de que andan en manadas y su gruñido es diferente. Su pelo tiene un parecido al de un ñeque. Considerado como el padre de los cerdos, es un animal muy peligroso que te puede atacar, que puede matar a un perro y devorarlo. Por esta razón el perro teme perseguirlo, tiene sus colmillos filosos con los que intimida al enemigo. Su carne es muy rica, no tiene un lugar fijo para vivir, por tal razón es difícil cazarlo. Donde el Sahino llega arrasa con todo. Si tu roza es pequeña, al mes ya no tienes nada. El Sahino solo encuentra señales de cultivo y hay que ahuyentarlo con disparo para que tome otro rumbo.

Julián Daza Malo

Pakila

Ima pakilarru gonzha tua kuega nʉnashihka, nanzhe dungʉlarru asalukunzheie kuega. Abimdzingua simarruna kʉnkʉnarga kuaga. Awanka mema pakilarru gonzhaiengui nʉnzhu neka kʉnkʉna wana. Kanzhingwa azhi nʉbishihka. Meme name memarru "gonzha zhimama" yinguaka kʉmʉnʉna. Washihka gonzha guashizhingua agʉñi wandua arkʉrkʉnʉnka.

Ia kʉnkʉnarga kʉnsinʉn naiʉn mʉnukuanshihka, pakila sʉgasha mawerru kʉnsi anzhana awakuaga, akʉ kʉnsiga kʉhkateshega masha mawerru kʉnsi guaga uka. Awemdzirru dzinʉndua nazhi yinga uka, meme name kʉnsiga anzanʉn guashisha binka ia kuma tei neka kuemdzi zhiwa shihkangua kʉhka miteshʉn negi amtʉjka name.

Memanzhe lemarru mʉntshinʉnka gakuaga name gasha nekuemdzi, awanshihka tuazhinki awabinka. Ia kʉnkʉna shuinyina ingewagʉrga zhunuka name.

Mema pakilarru kʉnzhiwa zhaga, tshiwanzhe wala zhaga, abimdzingua te pʉnguaga kʉnkʉna ugamba nanuerru zhanawera, irrugua, shimela gan neka bʉgui nazhi. Te ime kuegangʉma nanuerru inkuihsagambarru iʉl ga uka meme name geshamala mʉjkʉnʉnka nauerru inzhataiakuaga, induarga naiunguashi. Pakila nʉnkarru ima kʉnzhinga kʉmʉna.

La Gallina ciega

Se encuentra en todo los climas, se mantiene volando toda la tarde y toda la mañana. Sus características son: *javao* de pico ganchudo, ojos grandes y hay diferentes clases que se diferencian por el color oscuro y claro. Cuando ellas eran personas el padre les dijo: "Apúrate en construir tu casa". Él le contestaba: "Lo haré luego rápidamente". Al fin amaneció y nunca hizo su casa, hoy día no se conoce el nido de la gallina ciega. Ellas ponen los huevos en cualquier lugar que eligen. Según la historia hay que contar esto a la nueva generación para que los hijos construyan su vivienda y no les pase como a la gallina ciega.

Presagio: cuando popea las alas contra el suelo y hace como *kamrrumba* está anunciando entierro. Si canta *"shau, shau"* esta anunciando que es la época de sembrar calabazo. Sin la gallina ciega habría enfermedad en los cultivos y no habría buena semilla. Este pájaro no se puede matar ni consumir.

Víctor Fernando Malo Malo

Sibi

Sibirru shangui zhinguashihka kʉzhia, "¡mija, urraga zhingo ushi!" ukuashihka, "zen nekʉnga, zen nekʉnga kʉmʉna." Meme ikua zhanekarru memengui iwa makuma awanka, kua ¿bigu urraga zhingonka tua ukurra kinanu? Anduga sibirru dzira iungamba, gagʉrruamgaga mimi ulun zhanuerru mimi mʉntuzhi go neka. Awananka dziwa nekuanshihkʉrru dziraga iʉl mʉntuzhi kinga uka. Awanshihka meku kʉhsongui iunga zhiwa apisha, kua awanshihka mʉntuzhi saga kʉnekangua aun nʉnka. Meme nazhi ʉndunyina jinsha neka, iangua dunʉnkangui nʉname. Meme nʉname urraga merru zhingo neka kuaga. Zidua zhiguana mʉnʉnka jinʉn nukua kuaga adenyina mʉjkaiuwanshihka.

Wiwanzhe Guama

Sigima
(Espíritu Santo)

Wiwanzhe Guama

El Espíritu Santo

Pertenece a la familia de los gavilanes y halcones, tiene un hermoso plumaje de pinta menuda. Su hábitat es la loma y su canto es bastante escuchado –*Sigi-sigii*–. Si usted escucha este canto hay que asegurar a las gallinas, sobre todo aquellas que tienen polluelos. Es muy mañoso donde hay cría de aves; también come ratón y culebra. Es más frecuente verlo en tiempo de verano.

Él se reproduce en los montes y duerme en los árboles más altos. Así es la vida del espíritu santo.

Julián Daza Malo

Sigima

Ima sigimaru sirika sanangui, washihka sihkirmaia imaru gagɨrruangui ugunuka. Gagɨrruangaga ugunukuanshihka nujkuakuai kɨnga. Ime kɨnzhazhi: "Sigiii, sigiii, sigiii". Ime nujkua mawerru zidua galina anzhabu dundu kɨhkuaga dumɨjtua kuaga.

Ia mema sigimaga zhinguirru tshimilimburru andunga gaiega. Shuhkua so uka ɨnkatua awerru, amkuma uka. Awanshihka guaga kua zensa aun mɨnanuerru, iɨl tshimilimburru gaka. Ibinarru meme nekɨn nukuanshihka, guaga awa kuaga. Memaga tshuhkui gakangui, guma dundu gakangui. Agɨñi tɨa awa kuaga sihkimba. Awemdzirru dziwa dzuiamba. Kɨwairru kɨnkɨnarga kɨwaka. Sigimaru ime neshi kuaga kɨmɨnɨnka na.

El simbulita (Halconcito)

A él le encargaron para que fuera cabo o semanero, y él hacía solo lo que el comisario le decía: "no hablar mucho, obedecer órdenes y no mentirle a la comunidad". Así lo hizo y hoy día también vive sin mentir. Por eso hoy cuando canta es como una alarma o mensaje que nos da de algo o la presencia de otro gavilán. ¿Así pensamos? De igual forma a veces a las personas que han sido semaneros no las respetamos.

Por tal razón es que hoy día cuando Simbulita canta *Sigii-sigii,* aquellos que no conocen la historia no piensan que está enviando un mensaje, y los que conocemos la historia, cuando canta este pájaro, si estamos adentro de la casa salimos para ver que algo o alguien se acerca o mandamos a un niño a vigilar; pensando también que en el futuro el niño puede servir para ser semanero. Este consejo hay que aprenderlo muy bien. Cuando a veces está parado Simbulita en las lomas o encima de las rocas, no hay que tirarle piedras. Siempre desde el cielo el halconcito vive cazando.

Víctor Fernando Malo Malo

Simbulita

Ima simbulita kabu nekega rakʉzhia. Dzawa ukuerru, alkazhiga kaia ukuajki neka, zhakʉhtsha ashaiunka. Anduga kʉzhia ukuajki me gunamanyina kaia kʉzhigashaiu nazhi. Meme neka awanka nʉne iwangua zhigashai nukunka. Meme nʉne iwa sigi, sigi, sigi ika nujkua aunkurrashihka, ¿ugungura nanki nanu? "ni tuka, bosozhi wengui ai ikʉrru."

¿ugungurra nanun nanu? Memengui kimanguʉn ai kabu neka awa nankurra, atuna aunkurrashihkʉrru, ia mema kabu nʉnkangua uguanʉn naisana uka. Meme nʉne kimanguʉn iwa mema simbulita sigi, sigi iunwanshihka, ia ñiga meme guashi kimanguʉn ia naiguinka nʉne, meme iuwanshihkʉrru urragʉrga nunkunkurrengua ukunaka atuna, iatuʉn. Kua gʉmshinamka angasha aunkurra nʉnkue ia rakʉzhia awankuarru nekʉn nuka. Awanka nabi bimi meme nekʉn, ia meme nekʉn nukunazhirru mogirru mangua kabu nanun mʉnʉnkaie, mangua mʉjkʉzhia. Meme name zidua mena guama kʉzhiguia kuaga. Ia gagʉrrua ingina sirikuiamba ugunukuanshihka ingina ijpashabinka. Mema simbulitarru kʉjtupazhi shima zhaga gagʉrruangaga.

TENZHAKU
(Cascabel)

La cascabel

Vive en el monte en rastrojo, en la loma, en la roza y en las sabanas donde hay ganado. Según cuentan los mayores ella es madre de los cultivos de la roza, no deja que nadie ataque a los cultivos, ni los ratones ni otros insectos, porque ella se los come.

Si usted le paga, entonces ella no te muerde, te avisa primero que está por ahí. También muerde a los animales. Si está por aquí está diciendo que la próxima víctima eres tú. Muy poco se han salvado las personas que han sido mordidas por esta culebra. Es muy peligrosa, por eso hay que cuidarse de su mordedura.

Julián Daza Malo

Tenzhaku

Ima guma tenzhaku tashimarga kuaga. Sihkirikuega nʉnka. Tenzhakurru mʉnganka nanuerru nanzhe zhigizhigi ika akʉnshun nʉnka. Akʉ mʉngon nanka nanuerru, zhandukuʉn mʉnukuanshihka, kua te koshʉn mʉnukuanshihka, kua ingunamba naiʉn mʉnukuashihka, mʉnga mʉjkʉnzhanun nanuerru, nakangui mʉguia awa kuaga, nanzhe zhigizhigi nʉn. Ime iuwanshihka, "zhigi, zhigi, zhigi." Meme iuerru mʉnga kʉnzhanun name meme ika. Akʉ mema mʉnga awerru bʉgui shemikua shishakuaga. Mʉnguagʉnka nanuerru, mʉnguaga awa kuaga. Akʉ tenzhakuga zhigabiganyina ga awerru, mema zhinguirru amedun nʉnka, amkangui guaga uka. Úname zidua ujkuanka naiʉn nukua kuaga tenzhaku kuagamkerru.

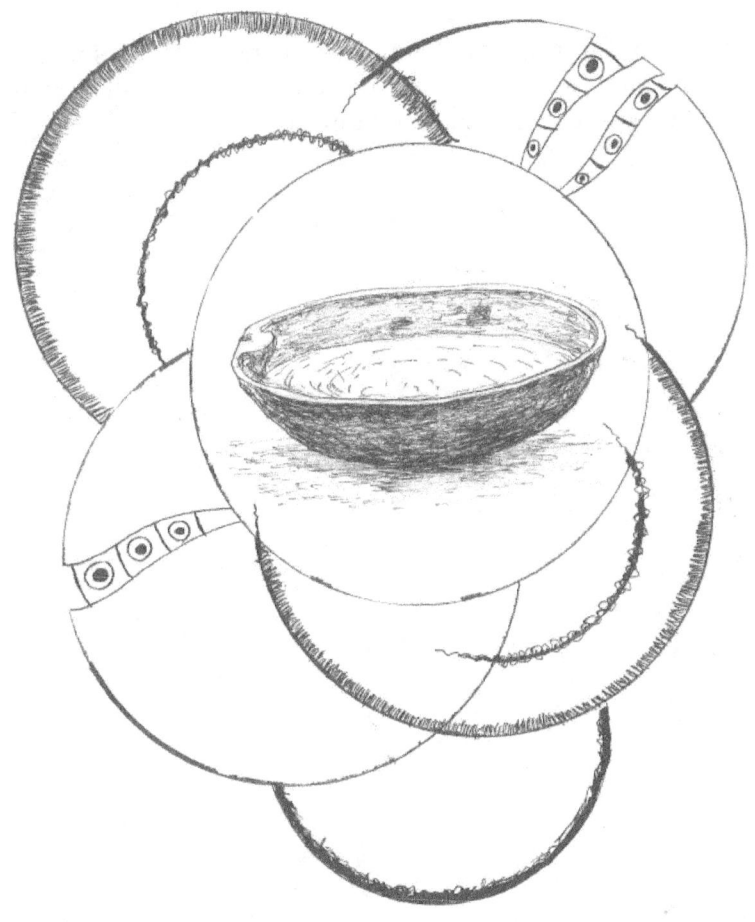

Wiwanzhe Guama

La totuma

Esta planta es de tierra caliente y en la nevada no existe. Tiene mucha utilidad, pues sirve para tomar agua, para guardar comida y muchas cosas más. Según la historia, hay que tener totuma.

En los trabajos tradicionales se recomienda usarla, sobre todo en bautizos, matrimonios, actos mortuorios y otros acontecimientos. Al *mamo* hay que servirle la comida en totuma.

Julián Daza Malo

Togua

Ima toguarru kʉn gui nʉnashihka igu gegaka nukunka, memaru ima wañina wi anzhingʉrga anuka, awanka ima togua zidua kuakuanka nekuanshihka guga ʉganekuemdzi buambangui zhingei awa kuaga, zidua atujkua mawanshihkʉrru mimi dzira anganegi kuega kʉnzhaneka uka. Zhama gaiga ʉnkasha awa kuaga, washihka agʉñi mema toguamba zhama ʉnkasha zhagandzina mamaie nʉnkanyina, memengui ima toguamba zhama zha aunukanyina ia zesiwanyina, kewa dʉmburru zhisozʉn nukanyina, meme nʉname sʉntaluga kijshanʉngui nukuakuaga ia ibinarru kamkerga ʉgaiunuashihka, toguarru ime kʉnzhinga name kʉmanguʉn urragamba mʉjkʉnazhingui nana kuaga yinguakanka kʉmnʉna.

TUMUNZURRA

(PUERCO ESPÍN)

Wiwanzhe Guama

El puercoespín

El puercoespín vive en el monte metido en huecos de árboles tomando sus siestas durante el día. Cuando no vive en los árboles se encuentra viviendo en cuevas de piedras. Es fácil encontrar el refugio del puercoespín, ya que se desprende una emanación fuerte de él, es cuando se percibe que el puerco espín tiene cerca su habitación y otras veces también se lo puede identificar cuando anda en las montañas y en lugares donde halla cosecha de mango y tiene comedero. A veces se lo encuentra cuando ha dejado espinas, porque donde vive el puerco espin se encuentran cantidades de espinas. A este puercoespín es difícil cazarlo con perro, es peligroso con sus espinas cuando las levanta, las espinas lo protegen al crear miedo en el enemigo. Si el perro lo llega a morder le incrusta una cantidad de espinas en la boca y en el hocico produciéndole gran dolor y sufrimiento. Su carne es rica pero sus espinas te crean pánico, es más frecuente ver a este animal en tiempos de cosechas de mangos, aguacates y otras frutas.

Julián Daza Malo

Tʉmʉnzʉrra

Tʉmʉnzʉrra kʉnkʉnarga kuaga kʉn ambunukʉrga mʉjtanka gaga dzuia neka. Kʉnmba kun nanuanshihkʉrru ingina akʉhsa kʉnkʉnarga kuaga, ima tʉmʉnzʉrra kuagambarru lee natunga. Awanshihka uguana kuaga imamke tʉmʉnzʉrra kuaga nʉnka ñi. Kua ibinarru kʉnkʉnarga naitʉn mʉnukuanshihka mangu anukamba kinkuma nekuanshihka, tua awa kuaga. Ia zhaga nanuerru, kua nanzhe kozi kijtangu gaga tua awa kuaga. ia washihka mema kuagambarru nanzhe kozi bʉgui ʉnte tua kuaga name. ima tʉmʉnzʉrraru kʉnsi nʉn sozabi neka. Ia kʉnsiga meku gan naiuwanshihka kuma tei nekuemdzi nanzhe kozi pusha. Awanshihka kʉnsiga kʉhkate awerru bʉgui kozi ate uka sunkʉnangaga. Awemdzi kʉnsi bʉgui she akuaga name. Uname kʉnsi nʉnrru sozabinka.

Ima tʉmʉnzʉrra lema mʉntshinka gaiega nʉnashihka, zen mʉnzensa kuaga nanzhe kozi nʉn. ima tʉmʉnzʉrra agʉñi tua kuaga mangundzuiamba, akuhtshindzuiamba. Awanshihka kʉmangutʉn ʉnkʉhso ga awakuaga na.

Ulami
(pava)

Wiwanzhe Guama

La pava

Vive sobre todo en rastrojos, come frutas de *yarumo*, también come banano, café y otras frutas. Es un ave que se puede consumir cuando se está curando alimento y en ocasión de bautizo de niños.

A esta ave fue encomendada el canto del amanecer por su padre *Siukukui*, es por eso que le escuchamos al amanecer y anochecer. Canta *kuilau, kuilau, kuilau, gɨrra, gɨrra, gɨrra*; con el primer sonido invitando a despertar y con el segundo invitando a dormir.

Julián Daza Malo

Ulami

Memarru kʉnkʉnargangui tashimargangui ugunuka. memarru malurrungua ga neka. Duanganangua ga neka kʉnkʉnarga. Meme name gonrru nanun nanakuaga, so kua taia ga awa kuaga. Duga gon ʉnkatuhkuegangua nawanekangwi washi kʉmeshega. Dʉmburrumba nawanekangwi, isa zhikeshega nawanekangwi uka. Zhanduna kushi gangui awa kuaga. ulamirru siukukui zhingʉma nananka, adendzinaga dzinguaka. Memarru kʉnkʉnarga anzhadega mashanka. Meme name shetanua awanshihka, kʉnkʉnarga kana uka, "Gʉrra, gʉrra, gʉrra, gʉrra, gʉrra," memengui kʉnga in gashua awanshihka, "Kulau, kulau, kulau, kulau" kʉwanka mʉnukuerru, kʉwa mimpasha kuaga tuangui. Memarru ime nʉnka kʉnzhinga.

Casa redonda

Yo sé construir casa y para esto las maderas más recomendables son: mamoncillo, guayabo, hojita menuda, *kina, kunguina*, etc. Primero hay que horconear para luego entecharlo, el hombre del techo va unido a un círculo que se hace del bejuco, para luego colocarle las caras, las cuales van a servir de amarre y ajuste del enjaule. Luego se sitúan en las muescas de los horcones unos cuatro jóvenes o más.

Las varas que lleva la casa también son elegidas con corazón, junto al bejuco también conocido como el martín moreno. Luego de la armada, viene el enjaule, que puede ser con caña boba para finalmente amarrarle la paja con maguey.

Para la construcción de la casa todo los materiales se deben cortar en luna llena, así todo es durable.

Feliciano Bolaño

Urraga dulu

Urraga dulu raga gawama nʉgʉntsha, mema urraga gawega kʉnyina nawaneka: kunguina, genkʉla, gʉnzisi, nangokua, mema gawega kʉn busha minsha kimanguʉn in kʉhsarga meika kʉ kʉiu awa kuaga, awemdzi kimanguʉn igu mandamba naiʉnka, kʉn kʉjteshʉmpana, awemdzirru ukujte ima kʉn mena nʉn pa. Awemdzi memamba shuhkua kʉn ʉkʉjte ingui iunku memengui zhiwa meme guanzi meika, igu sʉgʉzhishisha ʉganekuanshihkʉrru, meku tʉn kʉnshinamba zidua ʉnkʉndzia, awemdzi zhinguirru kʉn kʉhteshimpana, kʉn kʉhteshimpana, ia in kargangui nukuanshihka. Awemdzi zhinguirru igu mandamba kʉn mena moa zhima amazhimpana ma,ma,ma,ma kʉ ama nekuanshihkʉrru dʉma akuma neka awendzi kʉmanguʉn, arruzhimpana makegua kuima nazhi igu kʉn busha angogumanka nukamba ijtunsha, ijtunsha, zhiwa meika awanshihkʉrru mandamba ijtuna karga nukuananka ima kʉ nekʉn nukuanshihkʉrru, maigua, makendzwia zhaneka, awanshihkʉrru maketama kʉn asui ia memaga dʉm kʉhshin nukuʉka.

Memengui kʉmanguʉn ia kʉnyina kʉnguiga saka kuaga, dundula zhiga gonka, kʉnshinarru mitasʉ zhiganuka zhiga gonka, memarru saga tʉnamba sakakuaga ia imanyina kʉmanguʉn mana mazhinka kʉ mana ima ʉganekuanshihkʉrru iambangui ujta ijpazhimpana, ujta ijpazhimpana, kʉ ujta ijpa nekuanshihkʉrru kʉhtuna uka. Ima sana urragarru kʉhsargamdzi ijpagumʉnpʉnga na.

Casa de cuchilla

Para construir casa de cuchilla inicialmente hay que elegir el lugar, cavar bien el terreno hasta dejarlo plano, para luego iniciar con el corte de la madera, que oscila entre treinta y cuarenta horcones de guayabos, kina y mamoncillos. De igual cantidad se cortan las varas para el enjaule con alrededor de doscientas flechas de caña boba. Esta madera se puede cortar en luna llena para que la polilla no la dañe.

Inicialmente se colocan los cuatros puntos cardinales, los cuales sirven de soporte de la viga y encima de la viga se van colocando las varas a una distancia de 60 cm, luego van las flechas de caña boba, para finalmente ir amarrando la paja. Así queda construida la casa de cuchilla para vivir.

Julián Daza Malo

Urraga nungewaga

Raga mema urraga nungewaga nugunsha gawegarru. Ime gawun pana kuaga kumuna. Kuskunangui bimi mungawunka nanuerru mimi minsha zidua kanguma kui awa kuaga. Zidua kamke masha mawemdzi saga tijtuna nekuanshihkuru, kun mema urraganzhe koshum pana. Kunbusha minsha koshua: genkula, kina, kunguina, zhiwa maigua ugua nanki Kunbusha ko. Mawemdzi ingui igu mandamba kun kujtekumunkanyina koshum pana. Meku nekanyinarru ima kun nawa neka: nangokua, dundula, kunguina, zhiga gonkandzina. Kunshinarru mitasu, zhiga gonka nuka kunkunarga. Zhiwa moa ugua tijtshigua nanki ko. Awemdzi mana imagumunka koshum pana.

Mana mazhegarru nawaneka: mankala, bingula, tukuna zhiwa moa kunzhana tijtshigua ugua mana ko. Mawemdzi kimanguun Kunbusha make tama kuiu. Mema rruambarru kun ime zhinuka angaga. Mawendzirru iambangui kun tshitshin angewaga makegua angaga ia Kunbusha dumkuhshega. Awemdzirru bujkunamba ime zhinuka kun te. Mawemdzi kimanguun baranyina meku kun ukujte awanshihkurru mekungua makegua urkawa tua nekunka. Mema kimanguun urraga nungewaga yinguaka. Awemdzirru mana mazhua. Iul mana ma mawanshihkurru ujta ijpa. Awanshihkurru urraga kuazha nanega buna uka kumuna.

Wiwanzhe Guama

La guartinaja

La guartinaja también vive en el monte, es igual a la *ñeque* pero es más grande en su estatura, a diferencia que ésta camina de noche y tiene una hermosa pinta. La guartinaja a diferencia de ésta sale sobre todo cuando hay cosecha nueva de batata, yuca o ahuyama, cuando la luna está clara. No le gusta salir en los arroyos, ríos y quebradas.

Actualmente hay que preservarla porque está en vías de extinción.

Julián Daza Malo

Usihki

Uskirru kʉnkʉnargangui ugunuka, memarru asalkuiengui kuega nashihka agʉñi kuega, ingui mema nʉne tendundu nanuashihka zhanganegi amtʉhka imagangua mʉndugua, mesu, irrugua gaka washihka ima uskiru agʉñi zhaga.

Dzwia zhonka kua naiʉngua tuabinka imarru shekuki zhan neka saga ʉmbʉnshi ujkuʉn nukuanshihkʉrru binʉn naiunka memarru saga asha awanshihka kimanguʉn binʉn neka, úname mema ʉnkʉhso ga awegarru sheku tuʉn naia kuaga, ima uskirru agʉñi dukuhshui mena kuan negi amtʉhka akʉhsa wana. Awa nanka shemkʉna zhanekuanshihka mangunshuhku zhan atunga úname memarru tuazhinki awa binka dumʉjtuʉngui nukuakuaga kʉminsha sozʉn nukuabinka ia bʉgui sozega kunka name.

UJTUGUI (Boquidora)

Wiwanzhe Guama

La boquidora

Hija de *ade lukukui*. Si usted es mordido por ella le causará mucho dolor y hasta la muerte. Es muy poco vista porque vive siempre en matojo, cuevas, en rastrojos y montes. Si alguien no cumple con los trabajos tradicionales puede ser mordido por la culebra, por tal razón hay que confesarse. Si en un determinado momento la encuentras debes matarla y dejar pescado fresco para la cataneja.

Antonio Miguel Pastor Calvo

~~Ujt~~ugui

Guma ~~tj~~t~~u~~gui ime zhiganuka ia m~~u~~nga awanshihka t~~u~~gui mikujtsha kuaga name. Memanzhe anzhadenyinarru ade Lukukui, Abu lukukui. Ia mema m~~u~~nga awanshihka amedun nanakuaga name. Ima guma ~~tj~~t~~u~~guirru tashimarga k~~u~~nk~~u~~narga ak~~u~~hsarga kuaga. Ima m~~u~~nga awa kuaga k~~u~~m~~u~~na sewarga nawaneshi. Ime nazhi kimangu~~u~~n ibinarru m~~u~~nga au nukua kuaga. Ungunamba nai~~u~~n m~~u~~nukuanshihka dua tua mawerru, guaga awa kuaga, mag~~u~~rraga gaiega. Imarru ime yinguaka k~~u~~m~~u~~n~~u~~na.

WASHA

(MAPURITO - ZORRILLO)

Wiwanzhe Guama

El Mapurito

El mapurito era huérfano. El más feo de todos, entre ellos el mono, la ñeque, la guara y el chucho; por eso dormía al lado del fogón en la ceniza y los demás lo escupían y le hechaban saliva de la mezcla del *ayu* y la cal. Al día siguiente le preguntaban por qué amanecía así. Aquí en la tierra le hacían mucha maldad, entonces decidió bajar donde *Abu Bunkua* y él se precupó: "¿Por qué te han tratado así?" Él respondió: "¡Quiero que me ayude!" Entonces *Abu Bunkua* le regaló un perfume, diciéndole que cuando lo utilizara iba a ver el resultado. Luego de esto regresó a casa y volvió a acostarse en el lugar donde siempre había dormido. Entonces los demás hicieron la misma gracia; él tomó el perfume y lo destapó. Todos quedaron tan asombrados con ese olor tan fuerte, que salieron de la casa aturdidos y solo él quedó dueño de la vivienda. Por eso hoy día no puedes humillar al pobre porque entregas el poder a ese pobre.

Víctor Fernando Malo Malo

Washa 1

Guía washa nunkuengua nashingui nananka. Nunkua ia washa kuminsha kuwaka nunkuatuhka kimanguun ia guía uski, asalku, guía sindali, matunyinaga. Bunmba kuwaki nukuahtuhka kulmasu izhinzu Bun kurpunkua ime dzabi ukuemdzi bukue kuzhia, "¿ inzhue meme dzui mijtunu?" ukuashihka washa mimi zhingaga ukuashihka ijkunarru unguma ijkanuka men yunte nuka.

Meme nunkuame kimanguun guía washa, abu bunkua nugeku iununka nunkuerru, iuna. Meku kuhtana ukuemdzi abuga, uguia, "ime nunzhia bin ukuerru abuga kaia, "¿ inzhue muzhiau?" ukuemdzi washaga abu kaia, "nanguneka awa kuaga zhiguarrun". "ukue kimanguun unguanzinguma iwa nunkua awunka akawa. Ia iwa nabiga guakunkurra washa shambu abin. Memanguma unguanzinguma akawa, ukuemdzi kaia. "iwa argua mawemdzi meme muzhiawerru gaga munukuanshihka zinguanzi guma apesha mawanshihka inzhina yineka muntuon." Kaia ukue kimanguun argua awankua anzhengui ungumaka kumta, ukuashikurru kulmasu izhinzu. Ukuambarru naka guma apesha ukuashihka yaia, "¿ ñi natunu?" Kuashihka ñinguamka aguñi ma ma ma ma natunguashihka sen ate kunyinzhuazhia uski, asalku, ukuashihka iwa guía sindalirru iwa kunrrua kuanka kunmba gerra. Ukuashihka guía washa mezhinguun unguma inkijpana, washa mezhinguun men zhikuaga. Meme name kimanguun nashi meme au nukuabinka . ia guía washaie nashi tua abimdzirru kuima zhiguazhi gujtshimijkuaga ii meme in nukuabinka dzinguakanka kumununka na. Ia na shingui minkua awunka nune.

Wiwanzhe Guama

El mapurito

Al principio cuando los animales eran personas un día se reunieron todos para curar a la semilla durante un mes. Así fue que al principio del mes de marzo conversaron para hacer socola. Al finalizar el mes todos tenían su socola y se reunieron, entonces sucedió que todos los animales le hacían maldades al mapurito. Al ver eso, él decidió bajar a visitar a su mamá. Fue así que bajó donde ella y le confesó la forma en que lo estaban tratando sus hermanos acá y que a veces temía encontrarse con ellos y no tenía con qué defenderse. "Por eso he bajado para que me ayudes", le dijo. "Sí, te voy a ayudar", le contestó su mamá. "Te voy a regalar un perfume, por eso busca un recipiente para asegurarlo, esto te servirá para cuando te estén haciendo daño". Al recibir esto él se contentó mucho, lo aseguró y se fue para su casa. Luego se fue donde estaban curando la semilla y al llegar todos empezaron a maltratarlo. Él dejó que hicieran y deshicieran con él hasta cansarse. Cuando se iba para su casa preguntó: "¿Cuándo se va a terminar de curar la semilla?" Muchos respondieron: "Pasado mañana". Entonces, decidió irse para su casa, luego arregló bien el perfume que mamá le había regalado. A los días bien temprano regresó donde estaban haciendo los rituales, observó que estaban cocinando buena comida, buena carne. Se hizo el desentendido, que no había visto nada y se fue a un lado donde estaba bailando el tío mono, quien era el que cantaba y daba las órdenes para servir la comida. A mapurito no le sirvieron, entonces él se acercó y lo primero que recibió fue un garrotazo, unas patadas. Él cayó junto a las ollas donde habían cocinado, pero con mucho esfuerzo destapó su calabazo y empezó a salir un olor que cada vez era más fuerte, que en un momento se tornaba amargo y ácido, cuando entonces muchos dijeron: "¿Qué es eso?". Los *mamos* y todos los que allí estaban se fueron en vómito, corrieron para el monte en donde hoy día viven. Al verse el mapurito solo se hartó bien y se fue para su casa. Es por eso que con tío mapurito no se puede jugar.

Manuel Moscote Daza

Washa nanzhe sha shuwʉj natunga nʉn 2

Zhigabiganyina shihka nʉkuashihka kimanguʉn indzui kʉngui gunzhintshisha. Ia zhamaduna antshihkukuega ima zhanduna antshihkushi inkuijsaga yinukunka. Awankua anzhengui saga kuizhimba angaga ukuashihka zidua zhigamashe ia te nʉndzingo. Dzukuemdzi dzibinkuma ia antshihkukuega. Ukuashihka iambamdzi zhigabiganyinaga bʉgui wanduangui dzuka ia guía washa. Meme dzuka ʉnka tua ukue kimanguʉn, anzhabu kena iunʉnka zhiguana.

Awankua anzhengui meku iuna awankua anzhabu kʉganguaka, ime kaia, "ra inguinka ranzhinguianyinabi sʉgʉzhishabi tuga ñi, ia kʉminsha wandua nʉzhuka name. Awanshihka ñi nʉngua nʉnkuaiga tun narga ñi. Meme nárrame kimanguʉn mʉjtʉn iuna awa narga nʉnka warru". Ukuerru anzhabuga kaia, "an, minguneka awʉnga kʉmʉna. Raga mikaunga ukuiangʉma ne natunga. Úname shungʉma ʉnkʉhsaka ushi nukuashihka. Mimi maia kʉnzusega awananka meme mʉnzhawʉn nukuashihka ima nʉn nʉnkua mawai." Ima anzhabuga angeka ukuashihka, zen zhiguana ukuemdzi mega, nanzhe urragʉrga naia. Mimi nanzhe urragamba nukuemdzi naia zhanduna antshihkukuʉn nukuarga.

Awankua mimi kinkumunguashihka kʉnguiga wandua dzawʉn pana. Zhiwa ijkʉna kakuhsana. Ukuashihka narru makuma inzhanunkaie meme dzaua ukuambarru mimi dzuiane awankua naiua ukuashihka shizha, "¿buie sihkumʉnka mema antshihkushi?"

Ukuashihka kʉzhia, "mogi".

Ukuambarru naia ukuemdzi nanzhe urragaka mema ia ne natunga zidua shango ukuemdzi dziʉnte nunkuamba bukuengʉmangui naka. Awankua tua konʉn nukua bukumba nozi, Lema bʉgui nazhi. Ukuambarru na mimimdzi kʉhkina ukuemdzi naia tshihkuiʉn nukuarga ia guía sindali zhamekuarga. Ukuashihkangui guía sindaliga zhama ashʉn guaka. Ukuashihka guía washa zhama antshihshʉn nukuamba kʉhsuiguma. Ukuashihkangui kʉn kʉrkankua, kʉhsa kʉrpʉnkua bukunyina kushaka. Ukuambarru guía washaga dʉmi nazhi nanzhe shu guma apesha ukuashihka ne natunun ma, ma, ma, pʉj natunguashihka yinguaka. "ñi ima natu nu". Mamanyina, gunamanyina dzazhiwashi yinaia kʉnkʉnarga ia iwa tshihkuagʉrga. Guía washa nashuhkua makuma uka ʉnkatukuambarru zhama seij ga ukuemdzi naia nanzhe urragʉrga. Ime name kimanguʉn guía washa nenegangua gʉmezhunka kuaga.

WALIWALI
(DANTA)

Wiwanzhe Guama

La danta

Es un animal parecido al cerdo y al jabalí, vive en el monte y su diferencia está en las pezuñas delanteras de las patas. Muy poco habita en nuestro territorio porque hay poco monte. También le gusta estar en lugares de clima cálido y montañas vírgenes. Su carne es muy apeticida.

JULIÁN DAZA MALO

Waliwali

Imarru kʉnkʉnargangui kuaga, ima nʉne purkuiengui kuega nʉnka, washihka agʉñi kuega. Iwatarru sinduma tam kuega. nanzhe kʉhsulumarru azhi kuega. Meme name, agʉñi lema kʉnʉnka. Memarru, in nabinzhe kangʉmargaru kʉminsha kuabi amtʉhka, kʉnkʉna bʉgui nanun name. Agʉñi kua negi amtʉhka, kʉnkʉnanyina bʉgui nazhi ingewagʉrga. Men kʉmangʉtʉn, agʉñi kuaga. Meme name tuabinka, abimdzingua agʉñi wi anzhingʉrga kua negi amtʉhka. Waliwali ime kʉnzhinga kʉmʉna.

Wiwanzhe Guama

Los Wiwa

Los Wiwa habitamos en la cuenca del río Dungakare del departamento del César en comunidades como Dungakare, Rongoy, Piedraliza, El Cerro, Cherua, Conchorua, Bernaka, Surimena, Ahuyamal y Villarueda; en la cuenca del río César del municipio de Valledupar en comunidades como Potrerito, Sabana Grande, Limoncito, La Rincona, Machin, Atshintujkua, La Peña de los Indios, La Loma y Kaney; en la cuenca del río Ranchería del municipio de San Juán del César en comunidades como Piloncito, Marokazo, Ulago, Sabana Joaquina, Seminke, La Laguna, Guamaka; en la cuenca del río Tapia del municipio de Riohacha en comunidades como Limón, Wikume, Kunshameke, Zanañi; en la cuenca del río Jerez del municipio de Dibulla en comunidades como Korual y Gomake. Finalmente, en la cuenca del río de Guachaca del distrito Santa Marta del departamento Magdalena en comunidades como Kemakumake, Wimake y Gokūhsezhi.

Esta es la localización de nuestro territorio, aunque legalmente nuestro territorio ancestral es más amplio. Por lo general nuestro origen no es de donde vivimos porque algunos han emigrado a otras cuencas de la sierra nevada, mas sin embargo, algunos hemos permanecido donde hemos nacido. Somos agricultores y producimos solo para subsistir e intercambiar. A diferencia de otros pueblos el Wiwa construye pequeños poblados. Construimos nuestras viviendas en parcelas y de acuerdo a los cambios de los astros. De igual forma es nuestra cotidianidad.

Además, el café y el aguacate sirven como medios económicos, puesto que al venderlos adquirimos recursos para calzar, vestir y comprar las cosas prioritarias.

Por naturaleza somos buenos artesanos y carpinteros. Construimos casas, el trapiche; elaboramos sombreros, mochilas, chinchorros y abanicos. Solamente nuestro vestuario se adquiere de fábrica (tela) para coserlo a nuestra forma.

En la población Wiwa ya no existen ancianos. El promedio es de 1 a 80 años. La vida es corta, morimos por naturaleza o por enfermedad, por tal razón, nuestra etnia tiene un volumen medio de población. Pero, ¿qué hacer si así es nuestro destino? Estamos orgullosos de ser Wiwa, hablamos nuestro idioma y tenemos cultura propia.

Julián Daza Malo

Wiwa

Nabi Wiwa naijkʉnzhingarru kuagurra kʉmʉna dungakarimdzi zhiwa marukasu naia. Zhiwa meku naia kangʉma navi wiwanzhe nʉnka. Nazhirru agʉñi nananka nʉnashihka iwa dzwiambarru mimi me nʉnka. Washihka nabi wiwanyina nabinzhe kangʉma nʉnkamba kʉ kunkurra. Inguinguirru indua kangʉmʉrga naia awankurra. Washihka ia nabinzhe kangʉmamba kuazha nukurranguirru mimingui kuazha nukurra. Nabi Wiwarru kʉminsha bʉgui iba nekabi nabimtʉhka, andugaki kuazha nankurrakinguanzi iba ʉnkʉnekurra. Meme neshi kuagurra. Urragangua shuhkua me nainukunka. Kangʉmamburru naijkʉnʉnajki urraga zhipazhi nekurra. Meme name nabi wiwarru iambaki kuai nukunkurra. Ima sagarru ʉmba, inguinka sagarru induaka, meme neshi kuagurra. Abimdzingua nabi mʉkʉhsala ʉnkʉhte, kʉhsokua zhiu, sherra inkihshana awegarru. Rabinzhiwa ki aunkurrashihka kimangʉʉn memejkuia inkihshingurra. Inguinguirru, binguishi, ibaneshi, kʉhsʉngabi, awemdzirru akujtshi dzwiambarru akujtshi inkinesha aunkurrashihka kimangʉʉn dugangua inkihjinsha nekurra. Abimdzingua nabi wiwandzinarru ukuia gawama naigʉnsha, urraga gokurra, kʉnsia gokurra, kadzurru gokurra. Akʉ mʉkʉhsala kimangʉʉn inkihshana ukurra nabiga ʉnkʉjteshunkurai ʉnkʉngawega. Nabi Wiwa naikʉnzhingarru meme neshi kimangʉʉn kuagurra. Inguinguirru ʉjtʉna neshi witʉjkurra Inguinguirru ukuama nainguajka. Uname kimangʉʉn kʉminsha zhinekunkurra. Washihka ¿inzhina awega? Wa, werru. zumengui kʉmʉna. Zen zhigarru Wiwa nargame, abimdzingua ranzhe dʉmʉna ashe augame. Wa, werru, rangui kʉminsha anguakun nanga ñi kawanyina.

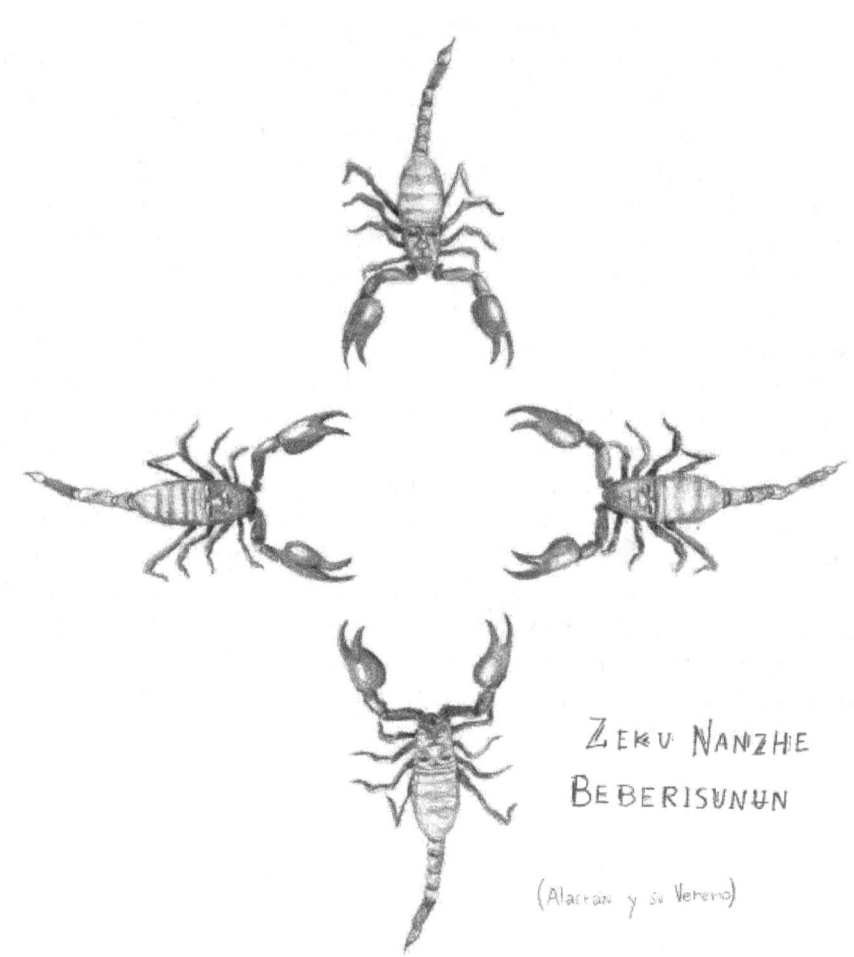

El alacrán y su veneno

Antes del amanecer la madre entregó al alacrán todo el poder sobre el uso del veneno y a nadie más. Por esa razón si el alacrán picaba a alguien era incurable y podía fallecer, mientras si usted era mordido por una boquidora o una cascabel en ese tiempo era como la picadura de un alacrán de hoy día.

Entonces, sucedió que una vez se reunieron los que hoy día tienen veneno y que son peligrosos, para planear cómo robarle y quitarle el poder que tenía el alacrán sobre el uso del veneno. Fue así que hablaron con el escorpión para que siguiera o espíe al alacrán hasta su vivienda. Sabiendo que el escorpión tenía la astucia y habilidad para tal caso le pidieron que descubriera dónde y cómo era que el alacrán guardaba el veneno. Él hizo la tarea ya antes mencionada y luego que llegó se escondió en un rincón de la casa del alacrán y al amanecer vio que el alacrán echó el veneno en un calabazo y lo guardó en una mochila que estaba guindada sobre el fogón y se fue para la roza.

El escorpión al ver esto subió y tomó el calabazo, lo destapó y vio que tenía un líquido de color blanco. Lo probó y sintió que era muy picante, entonces fue a avisar a los demás sobre lo que le habían encomendado. Luego todos fueron a la casa del alacrán y bajaron el calabazo con un gancho y al caer al suelo se partió. El líquido que allí había se derramó en la ceniza y en la arena. No sabían cómo recogerlo, por eso es que hay otros insectos y anfibios que tienen veneno. Cuando el alacrán estaba en la roza presintió que algo sucedía en su casa. Cuando llegó solo encontró pequeñas gotas en el calabazo y pudo recoger algo para no perderlo todo.

Antes el alacrán tenía veneno en todos los anillos de la cola, hoy lo conserva sólo en el último anillo por lo antes sucedido. Hoy el alacrán vive en las cuevas.

Julián Daza Malo

Zeku nanzhe beberisunʉn

Shekangui zhinguashihka kʉmanguʉn anzhabuga kʉngui beberisunyina anzhingʉma zekuga angeka. Ukuashihka induandzinarru angekuñi. Ia iwa mema kuazha nanʉnka. Meme nunkuame minshakarru zeku mʉnga awerru amedu nazhi wida mawʉnka. Ukuashihka tenzhaku, ʉjtʉgui mezhinguʉn mʉnga awerru inzhinangua mikuhtshun nanakuaga. Ukuame zeku ai zanzensʉhka nananka.

Awankua ibina zhinguashihka gumandzina, zhindzina, bʉnzisinyina, ia iwa beberisu tuanyinaru kʉngui dzʉnkʉrkana. Dzawintsha dzukuemdzi zidua zhingamashe, "¿Iiiiiiinzhina kʉnzhazhi zeku beberisu ʉgandzinzhanganka?" ukuemdzi kʉmanguʉn zeranzera ʉnkandzimashe, "ia zeku kuageku mʉjta awega, ia tuega bimiki beberisu inkimegu.

Awanshihka tua mawerru naiguiʉn naka maunkʉru".

Awankua anzhe zeranzera ungumamba naka ukuemdzi ime kuskezhirga mʉjta.

Awankua bou dzuijtunguashihka zekuga nanzhe shu sinduli saka ukuemdzi mimi nanzhe beberisu mega, ukuemdzirru gengʉnamba suztala andzia nukuamba mega. Ukuemdziru terga naia. Zeranzeraga tua ukueru ijtuna gengʉnamba, sutaga ukuashikangua ukuemdzi shu sinduli guma apesha ukuashkaʉru tua sʉmurruie ʉmbʉnshi. Ukuerru sauj waga ukuashika tua ai zej anzhʉnga ukuambarru ashena ukuemdzi zhuazhi naia. Inguinkanyinaga uguin. Meku kinkuma ukuemdzi amkangui ijkaguia, "ia nʉguia mukuagua tua ukuin." ukuambarru yinakankua ungumamba kʉzhimta, ukuashihka ge ʉnzisi zinanka, tshihtukueru dzira inzusi tshihsunsa. Ukuemdzi kʉhsimbirruga suztala antshijkei. Shu akinankua pou burru nekuashihka, beberisu kangʉmarga tuma ʉntekuma, ʉnkʉrpeshimpanankua, mʉlangʉmarru bunmba beberisu kʉ imta ukuemdzi, kʉ jana. Ukuambarru mema andzinzhangakuemdzi yinaia. Meme nʉname kʉmanguʉn induanyinangua ima beberisu kʉnʉnka ia meme yinzhanganka nʉname awankua zeku terga ʉnkʉmbinʉn nukuashikʉrru ʉnkʉzhigabia ukuerru ungumarga naka. Awankua mimi nakuashihka kʉ beberisu anyinzhanga.

Ukuerru bʉnmba, akʉnamba, shumba ʉnguʉnzi kʉndziandzia nukua dʉmi nazhi ʉnkʉhpe ukuashihka bʉgui anzhanaia awanka. Misharru zeku dushihkʉnamba nʉndzinugahki beberisu kʉnʉnka nananka, meme nazhi kʉmanguʉn akʉhsarga naia awanka ia iwa kuagʉrga.

Nota del editor

Los wiwa, también designados en diversas épocas como arzarios, guamacas, malayos, sanjá y dumana, son un pueblo indígena suramericano cuya lengua, el damana, pertenece a la familia lingüística chibcha.[1] Si bien su territorio ancestral se sitúa en las tierras bajas del lado norte de la Sierra Nevada de Santa Marta en Colombia, hoy día sus principales núcleos poblacionales radican en las estribaciones este, sureste y sur de dicha sierra, señalada como el sistema montañoso costero-marítimo más elevado del mundo. Los wiwa comparten su espacio vital y su experiencia histórico-cultural con otros pueblos de la Sierra vinculados a la antigua civilización tairona, como son los kogui, arhuaco y kankuamo. También comparten, con los 87 pueblos indígenas de Colombia una historia de persecución, expoliación, matanzas, agresión cultural, negligencia estatal y desplazamientos padecidos a manos de colonizadores, misioneros religiosos, gobiernos y más recientemente, terratenientes blancos y mestizos, corporaciones transnacionales, guerrillas, paramilitares y narcotraficantes que afectan gravemente su capacidad de supervivencia colectiva. Se ha señalado que el caso de los wiwa es uno de los más graves en épocas recientes:

> [Una] tasa de desplazamiento [...] 43,2 veces la tasa nacional ilustra un caso dramático en el que prácticamente toda la población [wiwa] ha tenido que desplazarse más de una vez en los últimos años; la realidad histórica es aun peor, pues los 2.430 indígenas desplazados [registrados] corresponden solamente a las comunidades de la parte oriental de la Sierra Nevada de Santa Marta, en el departamento de la Guajira, que han debido desplazarse en 3 ocasiones como resultado de las incursiones y bombardeos de la Fuerza Aérea, el Ejército y los paramilitares.[2]

---

[1] Para una somera contextualización y descripción lingüística del damana, con bibliografía básica, ver María Trillos Amaya, "Síntesis descriptiva de los sistemas fonológico y morfosintáctico del damana," en AA.VV., *Lenguas indígenas de Colombia, una visión descriptiva* (Bogotá: Instituto Caro y Cuervo, 2000).

[2] Cf. William Villa y Juan Houghton, *Violencia política contra los pueblos indígenas en Colombia 1974-2004* (Bogotá: CECOIN, OIA, IWGIA, 2005), p. 70; y para un ejemplo específico del impacto de las misiones religiosas: Víctor Daniel Bonilla Sandoval, *Siervos de Dios y amos de indios. El estado y la misión capuchina en el Putumayo* (Bogotá: E.A., 1969).

Quien esto escribe ha escuchado también testimonios de líderes wiwa forzados a desplazarse por amenazas de la guerrilla.³

Las fuentes disponibles ofrecen cifras sobre la población wiwa actual que oscilan entre 1.922⁴ y 10.703 personas que se autodesignan como miembros de dicha etnia. De acuerdo al Departamento Administrativo Nacional de Estadística (DANE) de Colombia, que provee la segunda cifra, en el año 2005 unas 6.971 personas (el 65,1% de los censados) reportaban usar la lengua damana de los wiwa en la vida diaria. Como resultado de la experiencia histórica ya señalada, los wiwa comparten con el resto de los pueblos indígenas de Colombia y con otros sectores sociales y étnicos del país, las graves insuficiencias de un sistema educativo nacional que no sólo no alcanza a cumplir las tareas generales de la educación pública sino que además tiende a perpetuar una mentalidad colonial larvada que desconoce el acervo lingüístico y cultural indígena y afrodescendiente, pretendiendo imponer desde arriba, con resultados fallidos, un modelo lingüístico dominante. Sin embargo, la Constitución de 1991, que consigna el derecho de los pueblos indígenas, afrodescendientes y rom (gitanos) a mantener y desarrollar su legado económico, social y cultural, ha provisto las bases legales para que pueblos como los wiwa se organicen en reclamo de su autogestión colectiva, lo que incluye incidir en la gestión cultural y educativa. Como resultado de las luchas de las comunidades, las actitudes de los gobiernos locales y nacionales han ido mejorando poco a poco, lo que no impide que, al menor descuido, estos gobiernos recaigan en las viejas conductas retardatarias. El actual auge político-cultural de los pueblos indígenas de Colombia se sustenta esencialmente en una voluntad y una práctica de cambio ampliamente generalizada en la que las comunidades amerindias se convierten en actores, no sólo de su propia transformación, sino de la transformación democrática de la sociedad contemporánea en su conjunto, en la medida en que el indígena asume una voz ciudadana a escala nacional e internacional. Esta efervescencia ha alcanzado, por supuesto, a los wiwa.

Los dos cuadernos aquí prologados manifiestan esa toma activa de conciencia. El verano de 2011, mientras me encontraba en el

---

³ William Villa y Juan Houghton informan que para las comunidades indígenas a nivel nacional "corresponde al Ejército y los paramilitares casi el 50% de las autorías del desplazamiento masivo compulsivo y el 13% a la insurgencia [guerrilla]..." (cf. supra op. cit., p. 74). Según se trasluce de la misma fuente, el resto de las autorías de desplazamientos masivos compulsivos (de indígenas) correspondería a terratenientes, narcotraficantes y actores no reportados.

⁴ Cf. Raúl Arango Ochoa y Enrique Sánchez Gutiérrez, *Los pueblos indígenas de Colombia en el umbral del nuevo milenio* (Bogotá: Departamento Nacional de Planeación, 2004), p. 405.

departamento de La Guajira conduciendo entrevistas a escritores wayuu para un proyecto de antología literaria,[5] tuve la oportunidad, gracias a la mediación de Miguel Ángel López Hernández, de reunirme con los señores Julián Daza Malo y Fabio Montero, el uno autoridad wiwa y el otro activista joven de esa misma etnia, quienes habían compilado y articulado dos volúmenes de literatura y lectoescritura bilingües en damana y español, que en verdad conforman dos partes de una misma obra: el primero compila, transcribe y traduce un conjunto de dichos y cuentos breves aportados por los mayores de la comunidad; mientras el segundo presenta una serie de ejercicios de lectoescritura basados en el primer volumen. Este trabajo contribuye a sentar las bases pedagógicas y lingüísticas para que la población wiwa se incorpore plenamente, desde la autogestión de una educación basada en su propia lengua y cultura, al espacio de la cultura letrada. Debe tomarse en cuenta, además, que una formación adecuada en las artes verbales y alfabéticas bilingües provee la base indispensable para la creación audiovisual y electrónica según demuestra el surgimiento de talentosos cineastas y videoartistas indígenas en los últimos años. Algo parecido ha venido haciendo, ya desde hace varias décadas, la población wayuu, que cuenta con una base demográfica mayor y un reconocimiento oficial y organizacional mucho más amplio que la comunidad wiwa. Estimé que si el proyecto de antología de la literatura wayuu en preparación confirma la incursión de ese pueblo en la literatura contemporánea desde la inmanencia de sus condiciones colectivas de vida, en el caso de los wiwa, aportaciones como la aquí presentada abonan eventualmente a una incursión similar, desde el importante frente de batalla de toda cultura literaria contemporánea que es la educación intercultural en el empleo oral y alfabético de la lengua. Estimé, además, que si bien el Instituto Internacional de Literatura Iberoamericana (IILI), cuya sección de publicaciones dirijo, se dedica exclusivamente a fomentar la crítica académica literaria de las literaturas latinoamericanas, valdría la pena perforar un poco esa hermética exclusividad para aportar también en la medida posible a las condiciones de existencia de esas literaturas en un amplio horizonte democrático e intercultural. A partir de dichas consideraciones decidí apoyar la iniciativa de Julián Daza Malo y Fabio Montero asumiendo la edición y publicación de su trabajo pionero en el bilingüismo letrado damana-español. Con esta obra en dos volúmenes el IILI inicia la colección editorial *Palabras de los mundos*, que publicará contribuciones diversas

---

[5] *Juyá y Pulowi: Antología de literatura wayuu*, en preparación.

a las literaturas indígenas americanas. Agradezco en primer lugar a los compañeros Daza y Montero la generosidad con que brindaron su obra y colaboraron en su publicación. Este reconocimiento se extiende a los distinguidos miembros de la comunidad wiwa, docentes y madres y padres de escolares, que participaron en un taller abierto de revisión del texto y sus ilustraciones, además de acogernos hospitalariamente por varios días, en el sector El Limón de la Sierra Nevada de Santa Marta. Agradezco también a Miguel Ángel López Hernández, reconocido poeta y gestor cultural wayuu y de la comunidad guajira en general, su generosa mediación en este proceso desde el inicio. A Constanza Ussa agradezco su valiosa e indispensable asesoría del proyecto, a Jeison David Castillo los dibujos originales hechos especialmente para estos dos volúmenes, a Erika Braga el diseño de las tapas y la maquetación, a Dayana Fraile su asesoría editorial y a Rodolfo Ortiz la corrección de estilo.

Juan Duchesne Winter
University of Pittsburgh

www.ingramcontent.com/pod-product-compliance
Lightning Source LLC
Chambersburg PA
CBHW071414300426
44114CB00016B/2297